L&PMPOCKETENCYCLOPAEDIA

Islã

Série **L&PM**POCKET**ENCYCLOPAEDIA**

Acupuntura – Madeleine J. Guillaume, Jean-Claude de Tymowski e Madeleine Fiévet-Izard
Alexandre, o Grande – Pierre Briant
Budismo – Claude B. Levenson
Cabala – Roland Goetschel
Capitalismo – Claude Jessua
Cleópatra – Christian-Georges Schwentzel
A crise de 1929 – Bernard Gazier
Cruzadas – Cécile Morrisson
Economia: 100 palavras-chave – Jean-Paul Betbèze
Egito Antigo – Sophie Desplancques
Escrita chinesa – Viviane Alleton
Existencialismo – Jacques Colette
Geração Beat – Claudio Willer
Guerra da Secessão – Farid Ameur
Império Romano – Patrick Le Roux
Impressionismo – Dominique Lobstein
Islã – Paul Balta
Jesus – Charles Perrot
Marxismo – Henri Lefebvre
Mitologia grega – Pierre Grimal
Nietzsche – Jean Granier
Paris: uma história – Yvan Combeau
Revolução Francesa – Frédéric Bluche, Stéphane Rials e Jean Tulard
Santos Dumont – Alcy Cheuiche
Sigmund Freud – Edson Sousa e Paulo Endo
Tragédias gregas – Pascal Thiercy
Vinho – Jean-François Gautier

Paul Balta

Islã

Tradução de William Lagos

Coleção **L&PM** POCKET, vol. 864

Paul Balta, nascido em Alexandria, no Egito, especializou-se no mundo árabe e muçulmano. Autor de diversas obras, foi enviado pelo jornal *Le Monde* para fazer a cobertura dos grandes acontecimentos do Oriente Próximo e do Magrebe, na África do Norte, antes de assumir a direção do Centro de Estudos sobre o Oriente Contemporâneo patrocinado pela Universidade de Sorbonne.

Texto de acordo com a nova ortografia.
Título original: *L'Islam*

Primeira edição na Coleção **L&PM** POCKET: abril de 2010

Tradução: William Lagos
Capa: Ivan Pinheiro Machado. *Foto*: Al Azhar Park; ao fundo, o Citadel e a mesquita de Muhammad Ali, Cairo, Egito, África. Look/Latinstock
Preparação de original: Elisângela Rosa dos Santos
Revisão: Ana Laura Freitas

CIP-Brasil. Catalogação-na-Fonte
Sindicato Nacional dos Editores de Livros, RJ

B158i

Balta, Paul, 1929-
  Islã / Paul Balta; tradução William Lagos. – Porto Alegre, RS: L&PM, 2010.
  144p. – il. ; . – (Coleção L&PM POCKET; v. 864)

  Tradução de: *L'Islam*
  Anexos
  Inclui bibliografia
  ISBN 978-85-254-2013-8

  1. Islamismo - História. I. Título. II. Série.

10-1167.   CDD: 297.09
                                      CDU: 28(09)

© Le Cavalier Bleu

Todos os direitos desta edição reservados a L&PM Editores
Rua Comendador Coruja 314, loja 9 – Floresta – 90220-180
Porto Alegre – RS – Brasil / Fone: 51.3225.5777 – Fax: 51.3221-5380

Pedidos & Depto. comercial: vendas@lpm.com.br
Fale conosco: info@lpm.com.br
www.lpm.com.br

Impresso no Brasil
Outono de 2010

ISLÃ [Islame, Islão], s. m. – Significa em árabe "submissão a Deus" e designa a terceira religião monoteísta, revelada após o judaísmo e o cristianismo. Segundo a tradição muçulmana, a palavra foi transmitida no idioma árabe pelo arcanjo Gabriel ao profeta Maomé (*Mohammad*, "o mais louvado"), nascido por volta do ano 570 de nossa era, em Meca, no coração da Arábia Desértica, e falecido em 632 em Medina. Essa revelação encontra-se no Corão[1], livro sagrado dos maometanos (designação antiga), no qual Deus (*Allah*, em árabe) declara: "Hoje eu aperfeiçoei vossa religião e vos revelei o Meu favor. Eu revelei para vós o Islã como vossa religião" (Surata III, versículo 5). O termo "muçulmano" designa aquele que segue essa fé. Os primeiros conquistadores árabes empregaram o termo *Dar el Islam* ("morada" ou "território do Islã") ou ainda *Dar el Salam* ("território da paz") em oposição a *Dar el Kufr* ("território dos ímpios") ou também *Dar el Harb* ("território da guerra"), que deveria ser progressivamente conquistado para o Islã pela pregação, pela conversão ou, se necessário, pela força das armas. No Ocidente, o termo indica também aquela parte do mundo em que se desenvolveu essa religião ao longo dos séculos e a civilização que ela originou. Nesse caso, "Islã" deve ser escrito com maiúscula, porém se emprega "islã" com minúscula quando se refere apenas à religião, do mesmo modo que "Cristandade" e "cristianismo". Para

---

1. *Al-Qor'an*, "o Livro", primitivamente *al-Qur'an*, "Recitação", composto por 114 suratas [capítulos], divididas em 6.226 versículos. (N.T.)

os muçulmanos, "Islã" deve ser escrito com maiúscula em todos os casos. A partir do século XIX, por analogia com judaísmo e cristianismo, passou-se a empregar "islamismo" em lugar de "Islã". Após a vitória da revolução islâmica no Irã, em 1979, "islamismo" passou a designar o Islã político ou radical, cujos militantes são os "islamitas" (em árabe, *islamiyun*), que são denominados por alguns de "fundamentalistas" ou "integristas".

Sumário

Introdução 9

História e civilização
   "Maomé é um falso profeta?" 13
   "O Islã só se impôs por meio de guerras de
      conquista?" 20
   "O islamismo é uma religião intolerante?" 25
   "A civilização árabe-muçulmana não inventou
      nem criou nada?" 32
   "O islamismo sempre esteve em guerra com
      o Ocidente?" 38
   "O Islã é a melhor de todas as religiões?" 45

Religião e sociedade
   "Os árabes são muçulmanos, e os muçulmanos
      são árabes?" 52
   "O lugar da mulher é em casa?" 59
   "O Alcorão obriga a mulher a usar véu?" 64
   "A prática da religião muçulmana é restritiva?" 70
   "Os muçulmanos degolam animais?" 75
   "O Islã proíbe o consumo de álcool?" 79
   "O Islã proíbe as imagens?" 85

O Islã e o mundo moderno
   "Assistimos hoje ao despertar do Islã e dos
      movimentos fundamentalistas?" 91
   "O Islã apoia os movimentos fundamentalistas?" ... 96
   "É mais difícil ser muçulmano no Ocidente?" 101
   "O Islã não respeita os direitos do homem?" 106
   "O Islã é incompatível com uma vida secular?" 112
   "O Islã não consegue se integrar à modernidade?" ... 117

CONCLUSÃO
  O Islã é a principal religião do mundo?............... 124

ANEXOS
  Glossário.. 131
  Para expandir seus conhecimentos 134

Introdução

Onze de setembro de 2001. O mundo inteiro ficou estupefato: os espetaculares atentados contra as torres gêmeas do World Trade Center de Nova York e o Pentágono de Washington provocaram a morte de aproximadamente três mil civis. Imediatamente foram atribuídos a suicidas voluntários da rede terrorista internacional Al-Qaeda (A Base), formada em 1998 pelo saudita de origem iemenita Osama Bin Laden, que se escondia em algum ponto do Afeganistão. Essa ação sem precedentes foi seguida por vários outros atos terroristas, principalmente em Bali, na Indonésia (2002); Riyad, na Arábia Saudita, Casablanca, no Marrocos, e Istambul, na Turquia (2003); Madri, na Espanha (2004), e Londres, na Inglaterra (2005), acompanhados de novas ameaças, o que evidentemente contribuiu para a retomada de várias ideias preconcebidas a respeito do Islã e dos muçulmanos, forjadas ao longo dos séculos, lado a lado com a criação e a difusão de algumas novas. Elas alimentaram a islamofobia daqueles que não conhecem o Islã e que se reuniram às ideias preconceituosas provocadas por uma série de outros eventos transcorridos durante o último quarto de século.

Vamos recordar os principais deles: a revolução islâmica do Irã, em 1979; o crescimento do fundamentalismo muçulmano em muitos países, particularmente no Afeganistão, no Paquistão e no Sudão; os massacres (cerca de 150 mil mortes) perpetrados na Argélia pelo Grupo Islâmico Armado (GIA), que assassinou, em 1996, sete monges de Tibherine e depois o monsenhor Pierre Claverie, bispo de Oran; os atentados cometidos na Europa e nos Estados Unidos por islamitas; os ataques lançados contra as minorias cristãs na Nigéria ou na Indonésia; o ativismo de certos pregadores em bairros europeus; as operações contra "as forças de ocupação" e as tomadas de reféns no Iraque, após a intervenção americano-britânica em março de 2003. Assinalamos também a questão do uso dos véus ou lenços na França, em 1989, e as polêmicas provocadas pela lei de 15 de março de 2004, proibindo o uso ostensivo de símbolos religiosos nas escolas, o que provocou a expulsão de 47 adolescentes que se recusaram a tirar os véus assim que as aulas foram reiniciadas. Desde a sua criação, no século VII, o Islã, do mesmo modo que os dois outros monoteísmos, não cessou de provocar o surgimento de ideias preconcebidas não só no Ocidente, como também entre os próprios muçulmanos. Esta é a razão por que escolhemos para estudo, a título de ilustração, um preconceito que foi partilhado por estes últimos desde o início da difusão de suas crenças, "O Islã é a melhor de todas as religiões", e um novo, que passou a ser difundido entre alguns deles, a partir da década de 1990, a saber, "O Islã é a principal religião do mundo".

A maioria dos ocidentais e boa parte dos muçulmanos geralmente acredita que o Islã constitui um todo monolítico, imutável através dos tempos e estático no espaço. Todavia, os muçulmanos dividiram-se em três grupos depois dos cismas ocorridos no ano de 37 da hégira[2]*, segundo o calendário maometano, ou seja, 657 da era cristã. Esses grupos são os xiitas* (que constituíam cerca de 10% dos muçulmanos no início do século XXI), os kharijitas* [ou alauitas] (menos de 1%) e os sunitas (quase 90%). Estes últimos dividem-se em quatro rituais ou escolas jurídicas: os hanafitas* (mundo turcófono, Índia, Paquistão e China), os malequitas* [ou amalecitas] (Alto Egito [sul], Magrebe [África do Norte] e parte da África negra), os chafeítas* [ou xafitas] (Baixo Egito [norte], África negra oriental, Índia, Malásia, Filipinas, Tailândia e Indonésia) e os hanbalitas* (Arábia

---

2. As palavras assinaladas com um asterisco são explicadas em um glossário ao final da obra. (N.E.)

Saudita e Qatar). Além disso, nem todos os árabes são muçulmanos (cerca de 8% dos árabes são cristãos), e nem todos os muçulmanos são árabes (estes constituem cerca de trezentos milhões, uma quinta parte de um total de um bilhão e meio de muçulmanos; os outros quatro quintos são formados por povos não árabes).

Logo após as conquistas realizadas pelo califa Omar (entre 634 e 644) e depois do progresso fulgurante dos cavaleiros muçulmanos que atravessaram o estreito de Gibraltar em 711 e ocuparam a maior parte da Península Ibérica, cujo domínio conservaram durante sete séculos, a imagem de um Islã guerreiro e hostil ao Ocidente se impôs de forma duradoura. Contudo, orientalistas de grande autoridade, como Jacques Berque e André Miquel, demonstraram que a tolerância foi frequentemente praticada em escala muito maior através do Islã do que em terras cristãs. Salientaram sobretudo a coexistência pacífica na Andaluzia do sul da Espanha dos fiéis das três confissões monoteístas, até que a Reconquista conduzida pelos Reis Católicos e a Inquisição expulsaram tanto os muçulmanos quanto os judeus (entre 1492 e 1500), que encontraram refúgio no Magrebe norte-africano e no Império Otomano.

A colonização do Magrebe e do Oriente Próximo pelos europeus, iniciada no século XIX e prosseguida até a metade do século XX, alimentou as já existentes ideias preconcebidas, quando não as forjou, denegrindo em todos os sentidos o Islã e a civilização árabe-islâmica, mesmo que as contribuições desta última, entre os séculos VIII e XIII, tenham sido determinantes para o surgimento da Renascença europeia. É bem verdade que o mundo maometano entrou logo a seguir em uma fase de declínio. Não obstante, depois do *Nahda* (Renascimento) egípcio do século XIX, afirmaram-se no Islã dois partidos: conservadores e modernistas.

Uma vez que o Islã é, ao mesmo tempo, uma religião, uma lei, uma moral, um estilo de vida e uma cultura, escolhemos vinte ideias preconcebidas que dividimos em três capítulos: História e Civilização, Religião e Sociedade e O Islã e o Mundo Moderno. Essa divisão permite-nos abordar alguns problemas essenciais a fim de demonstrar que, embora alguns desses preconceitos tragam em si elementos de verdade, o Islã não é em absoluto, contrariamente àquilo em que muitos creem, um todo fixo, imutável e intolerante.

HISTÓRIA E CIVILIZAÇÃO

"MAOMÉ É UM FALSO PROFETA?"

*Eles adotaram a doutrina de um falso profeta [...]
Ele afirmava que uma nova Escritura
lhe fora jogada dos céus.*
São João Damasceno (650-749)

Maomé nasceu por volta do ano de 570 de nossa era, em Meca, na Arábia desértica. Algumas tribos nômades de judeus e de cristãos se achavam instaladas nessa região, mas ela era povoada sobretudo por beduínos politeístas. Destes, a maior parte também era nômade, mas alguns viviam em cidades que eram pontos de passagem de caravanas, como a própria Meca, onde se veneravam mais de trezentos ídolos reunidos na *Caaba**, que já nessa época atraía numerosos peregrinos. Segundo a tradição, esse santuário havia sido edificado por Adão, destruído pelo Dilúvio e reconstruído por Abraão (com a ajuda de seu filho Ismael, o ancestral de todos os árabes), que encerrara em seu ponto mais sagrado a Pedra Negra, certamente um meteorito, mas que lhe fora lançado pelo arcanjo Gabriel.

Essa terra árida, encastelada entre o Mar Vermelho, o Golfo Pérsico e o oceano Índico, está cercada por países em que se desenvolveram as mais velhas civilizações, na sua maioria milenares: o Egito faraônico, a Etiópia convertida ao cristianismo, o Iêmen, a Mesopotâmia – onde a Bíblia situa o Paraíso Terrestre –, a Pérsia e seu império – no qual dominava o zoroastrismo, uma religião monoteísta que não tinha a pretensão de ter sido revelada, mas que fora pregada pelo mago Zaratustra (660-583 a.C.) –, e o Império Bizantino, que mesmo em seu declínio era o herdeiro das tradições pagãs greco-romanas e do qual faziam parte especialmente a Síria e a Palestina (onde nasceu Jesus), na época povoadas principalmente por cristãos e por judeus. Desse modo, o profeta do Islã terá de se impor pela persuasão ou pela força, em um ambiente hostil, no qual deverá demonstrar que a nova religião é superior às outras. Ele pertencia à tribo dos Koraishitas, uma das mais poderosas estabelecidas em Meca. Era neto de Abdel Mutallib, chefe do clã dos Bani Hashem ou Hashimitas e filho de Abdallah e da bela Amina.

A tradição muçulmana envolve o nascimento de Maomé em uma série de eventos sobrenaturais: na data em que nasceu, o dia foi aureolado por uma luz divina, porque os anjos de Alá se haviam reunido ao redor da Caaba e apedrejavam os *djinns*, gênios malignos que eram temidos pelos beduínos. Além disso, as parteiras não chegaram a lhe cortar o cordão umbilical: Deus não somente o fez, como o recém-nascido já veio ao mundo limpo, porque os próprios anjos o haviam lavado. Finalmente, descobriram que seu pé deixava uma marca idêntica àquela que fora deixada pelo de Abraão sobre a Pedra Negra da Caaba. Cedo ficou órfão de pai, perdeu a mãe com a idade de dez anos e, logo a seguir, seu avô, que o havia recolhido. Abu Talib, seu tio paterno, então o chefe do clã dos Hashimitas, tornou-se seu tutor e o enviou em uma de suas caravanas, que era chefiada por seu próprio filho, chamado Ali. A caminho da Síria, eles encontraram o monge Bahirá, que vira em sonhos Maomé portando uma auréola e que o reconheceu, exclamando: "Tu és o Enviado de Deus, o Profeta que anunciará meu Livro santo, o Alcorão"*. Após atingir a idade adulta, Maomé começou a dirigir as caravanas de Khadidja, uma rica viúva que ficou bastante satisfeita com a maneira como ele dirigia seus negócios e que o achava atraente, acabando por casar-se com ele no ano de 595. Ele tinha 25 anos na época, ela estava entre os 35 e os quarenta. Cerca de quinze anos mais tarde, quando ele mesmo se aproximava dos quarenta, passou a subir durante as noites ao Monte Hira, nas cercanias de Meca, a fim de meditar. No ano de 611, o arcanjo Gabriel apresentou-se a ele e disse-lhe: "Tu és o Enviado de Deus, o seu Profeta".[3] A seguir, o arcanjo ditou-lhe uma série de preceitos e ordenou-lhe que os retransmitisse. Foi a partir de então que ele começou sua pregação, e essas revelações formarão o Alcorão, em árabe *Qur'an* ou "Recitação", composto por 114 suratas (capítulos), divididas em 6.226 versículos.

Os muçulmanos encaram esses eventos como sinais do céu e do caráter imutável do Islã, mas os judeus e cristãos consideram que se trata de superstições. Com exceção do patriarca Timóteo de Constantinopla (que exerceu o patriarcado entre 780 e 820), os Pais da Igreja negaram-lhe a condição de profeta; o abade Teófano da Síria (751-818), autor de uma biografia frequentemente citada no Ocidente, qualifica-o de "trapaceiro, bárbaro, inimigo de Deus, demoníaco, ateu, libertino, saqueador, sanguinário, blasfemo, estúpido, bestial e arrogante". Mas quem foi ele na realidade? Maomé era um homem simples, que converteu inicialmente os seus parentes mais próximos, Khadidja, seu primo Ali, que mais tarde receberia a mão de sua filha Fátima [Fahima] em casamento, e as pessoas mais modestas, vendedores de água, libertos e escravos. O que ele proclamava com maior vigor era: "Deus é Único!" Sua reputação de "libertino" e "bestial" provém, sem a menor dúvida, de seus dez casamentos, celebrados após ter enviuvado de Khadidja, e do fato de que os ensinamentos do Alcorão absolutamente não condenavam o prazer físico entre os esposos, enquanto a Igreja Católica exigia a monogamia e condenava a sensualidade mesmo no matrimônio. Quanto a ser "inimigo de Deus", não seria essa a impressão que causaria o pregador de uma nova fé

---

3. Mais exatamente, *rasul* ou *rassul*, que significa "Mensageiro". (N.T.)

àqueles sacerdotes que afirmavam ser os donos da verdade? Em Meca, ele provocou a hostilidade dos comerciantes, que temiam que ele desacreditasse os ídolos da Caaba e pusesse fim à peregrinação, fonte de seus lucros. Uma assembleia retirou-lhe a proteção da tribo; a partir desse momento, ele poderia ser morto por qualquer um, com a segurança de não enfrentar a retribuição da lei de talião.

Em 622, o oásis de Yathrib, que estava sendo esfacelado por rivalidades tribais, foi em busca de um mediador. Foi então que ele se dirigiu para lá, acompanhado por seus discípulos, denominados *muslimum*. Esta é a *hijra*, a "hégira"* ou "migração", que marca o ano 1 do calendário muçulmano. Ele assinou com as tribos judias e cristãs um pacto denominado Constituição de Medina e, a partir de então, o oásis de Yathrib ganhou o nome de *Madinat el Nabi,* a "Cidade do Profeta". Tornou-se, assim, chefe político, legislador e comandante militar que passou a edificar o recém-criado estado islâmico. Ele substituiu as leis tribais e as alianças derivadas dos laços de sangue – que eram então honrados pelos beduínos – pelo conceito de *ummá** ou "comunidade" dos muçulmanos, que devem ser solidários e proteger-se mutuamente, qualquer que seja sua origem ou a cor de sua pele, uma ideia revolucionária para a época. Sua pregação inscrevia-se na tradição abraâmica, conforme atestam os títulos e conteúdos de várias suratas, como "José", "Maria", "Os Profetas", "O Homem" ou "A Ressurreição". Muitas vezes, o Alcorão refere-se tanto ao Velho Testamento quanto aos Evangelhos. Maria é considerada a mãe virgem de Jesus, assim como entre os cristãos. Contudo, aqui se encontra a diferença fundamental: Jesus é um grande profeta, autor de todos os milagres relatados no Novo Testamento, mas não é "o Filho de Deus", porque "Deus nem gerou, nem foi gerado". Tampouco morreu sobre a cruz. Para o Alcorão – que é a Palavra de Deus –, judeus e cristãos desnaturaram a Revelação. Por esse motivo, Maomé é "o Selo dos

Profetas", enviado para purificar a Revelação até o final dos tempos.

Além de ser um resumo teológico que expõe todos os dogmas, o Alcorão é também um código jurídico e social, um tratado de moral e um manual de comportamento. Para atestar seu caráter de revelação, os muçulmanos assinalam o fato de que o Profeta não sabia ler nem escrever. Os Pais da Igreja concluíram, bem ao contrário, que não passava de um "impostor". Os muçulmanos sustentam que seu livro santo é "inimitável" e, até tempos bastante recentes, julgavam todas as traduções como sendo "sacrílegas". Por outro lado, o Alcorão deu lugar a um grande debate teológico entre os próprios maometanos: ele foi "criado" ou "incriado"? A maioria dos ulemás (sábios religiosos ou teólogos) concluiu que, uma vez que Deus é eterno, o Alcorão é igualmente "incriado e eterno", embora as letras com que foi escrito tenham sido "criadas". Os companheiros do Profeta tinham decorado as mensagens do Criador e, aos poucos, foram anotando-as em pedras chatas ou em pedaços de couro para ajudar a memória. Foi o califa Othman (reinante de 644 a 656) quem ordenou, em 652, que fosse registrada a versão do texto em vigor até os dias de hoje, determinando que fossem reunidas por ordem de tamanho decrescente, e não cronologicamente, para suprir as disputas. Os teólogos acreditam que, tal como foi feito com relação à Bíblia judaica e aos Evangelhos, devam-se fazer estudos críticos do Alcorão, a fim de identificar erros cometidos pelos homens antes do estabelecimento de sua redação final. Essa tarefa vem sendo realizada por um grupo de estudiosos que são denominados "os novos pensadores do Islã".

Os julgamentos negativos pregados pelos Pais da Igreja prevaleceram por longo tempo através do Ocidente e, em *A divina comédia*, Dante Alighieri coloca Maomé nas profundezas do inferno. Não obstante, escritores como Jean-Jacques Rousseau o reabilitaram para a cultura europeia. Lamartine escreveu:

Este é Maomé: filósofo, orador, apóstolo, legislador, guerreiro, conquistador de ideias, restaurador de dogmas, fundador de vinte impérios terrestres e de um império espiritual. Qualquer que seja a escala que se use para medir a grandeza humana, esse homem foi muito grande! (*Histoire de la Turquie*, 1833.)

A própria Igreja Católica há bastante tempo se propôs a revisar suas posições. O Concílio Vaticano II (1962-1965), o mesmo que exonerou o povo judeu do crime de "deicídio", defendeu igualmente o diálogo islamita-cristão, reconhecendo implicitamente o caráter profético de Maomé. João Paulo II deu um passo suplementar, em abril de 2001, quando foi o primeiro papa a entrar oficialmente em uma mesquita, a dos sultões da dinastia dos Omíadas, em Damasco, na Síria.

As etapas da primeira expansão:

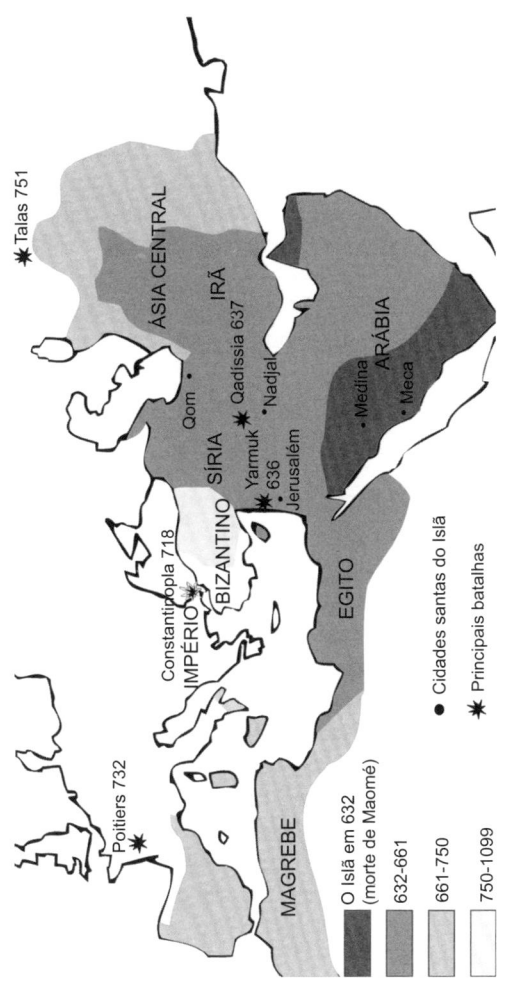

"O Islã só se impôs por meio de guerras de conquista?"

Imensos são os exércitos dessa raça detestada.
Verso 2.630 da "Canção de Rolando"

Muitas batalhas foram travadas entre Maomé e os habitantes de Meca. Em 623, as dificuldades em obter provisões levaram-no a lançar o *raid de Nakhla*. Foi uma expedição de saque a que uma revelação divina atribuiu uma dimensão religiosa, a origem da jihad*, cujo significado primitivo era "combate na senda de Deus contra si mesmo a fim de se aperfeiçoar". Por extensão, passou a ser a "guerra santa contra os infiéis". Atacado pelos habitantes de Meca, Maomé vence a batalha de Báder (624), é derrotado em Ohud (625), mas sai vitorioso da "Batalha do Fosso" (627), que ele mesmo mandara escavar em torno do oásis para proteger Medina, seguindo os conselhos de um escravo persa convertido ao islamismo, Salman al-Farissi. Após essa vitória, ele mandou decapitar todos os membros da tribo judia medinense dos Banu Qurayza, por terem feito troça dele e dos muçulmanos após sua derrota anterior. Em 628, ele destruiu o rico assentamento judeu no oásis de Khaybar, porque seus habitantes eram aliados dos mequenses. Os demais judeus, como os cristãos e os zoroastristas, passaram a ser considerados como "o Povo do Livro", porém não lhes permitiram mais que dirigissem suas preces em direção a Jerusalém (a qual, não obstante, tornou-se a terceira cidade santa do Islã, depois de Meca, após sua conquista, e de Medina).

A 11 de janeiro de 630, comandando um exército de dez mil homens, Maomé marchou em direção a Meca. Os habitantes aceitaram as condições por ele propostas, e suas tropas entraram na cidade sem derramamento de sangue. Ele se foi à Caaba, golpeou os olhos dos ídolos, ordenou que fossem destruídos e proclamou o lema *Allah akbar,* isto é, "Deus é grande" ou "Deus é o maior", entoado desde então pelos crentes. Foi um triunfo tanto político quanto religioso. Retornando a Medina, ele lançou algumas expedições para expandir a influência do Estado nascente. Retornou a Meca no ano 10 da hégira, a 10 de março de 632, realizando a peregrinação, cujo ritual foi estabelecido por ele e passou a ser sempre obedecido a partir de então por seus seguidores. Depois disso, retornou a Medina, onde adoeceu e morreu em 8 de junho de 632. Seus companheiros designaram Abu Bakr como califa (tenente ou substituto), que governou de 632 a 634. Foi substituído por Omar (634-644), que tomou o título de *Amir al Munimin*, o "Comandante dos Crentes" ou "Comendador dos Crentes", seguido por Othman (644-656) e por Ali (656-661). Chamados de *Rashidum*, ou "os Bem-Orientados", esses califas são particularmente venerados, mesmo que os três últimos tenham sido assassinados por motivo de rivalidades tribais.

Foi Omar quem iniciou as cavalgadas de conquista que foram seguidas depois pelos califas Omíadas (661-750), que instalaram sua sede em Damasco, na Síria. Em 732, sua avançada para o oeste foi finalmente interrompida pela batalha de Poitiers, na França. Não obstante, um século após a morte de Maomé, os muçulmanos já haviam edificado um vasto império, cuja extensão era inferior apenas ao Império Romano. Estendia-se do rio Tejo, em Portugal, ao rio Indus, no Paquistão, do Atlântico ao mar de Aral, na Ásia Central, do sul do Saara aos montes Pirineus entre a Espanha e a França. Como explicar essa fulgurante progressão e a rapidez com que realizaram conversões? Contrariamente aos primeiros cristãos, os maometanos recorreram à conquista guerreira durante sua primeira expansão, que se manteve até o século X. Todavia, é necessário estabelecer algumas diferenças. Durante a batalha de Yarmuk (636) contra os governantes bizantinos da Síria, cuja vitória abriu o caminho para o oeste, seguida pela batalha de Qadíssia (637) contra os persas, que lhes permitiu chegar até a Índia, os muçulmanos reuniram, respectivamente, 36 mil e trinta mil homens. No entanto, a partir de então, os efetivos daqueles que foram chamados de "Cavaleiros de Alá*" oscilaram entre cinco mil e dez mil, alcançando o total de vinte mil apenas em caráter excepcional. Isso significa que a força não foi, portanto, o único meio para obter as conversões ao Islã.

O que ocorria ao mesmo tempo no Ocidente cristão? No século V, o saque de Roma pelos bárbaros havia lançado a Europa na "era das trevas", que duraria até o ano 1000. Os cristãos do Oriente estavam divididos pela rivalidade entre os patriarcas de Alexandria e de Constantinopla e dilacerados por cismas, entre outras, o arianismo, que negava as três pessoas da Santíssima Trindade (Pai, Filho e Espírito Santo), a natureza divina de Cristo e o monofisismo – este que afirmava a união divina e humana de Jesus em uma só natureza e é adotado até hoje pelas igrejas cristãs síria, armênia, copta, ortodoxa e amárica, da Etiópia.

Perante todas essas disputas teológicas, a mensagem do Islã é simples e de um monoteísmo absoluto, resumido pela profissão de fé, que é também a fórmula de conversão, a qual deve ser pronunciada três vezes consecutivas: "Não há deus senão Alá, e Maomé é o mensageiro de Deus".[4] Além disso, o islamismo não advogava uma ruptura com o cristianismo ou o judaísmo, mas afirmava ser a sua afirmação final. Mais ainda, os califas não estavam interessados em obter conversões maciças, porque estas os privariam de rendas substanciais: efetivamente, os judeus e cristãos a que fosse reconhecido o estatuto da *dhimma*

---

4. *Allah ill'Allah il'ahah Mohammed rassul Allah.* "Rassul", conforme indicado na nota anterior, significa "mensageiro" ou "enviado", e não "profeta" (*al-Nabi*), como geralmente é referido. (N.T.)

[ou dimá]* (proteção) deveriam, como contrapartida, pagar dois impostos, a *djiziá* e o *kharaj*, de que ficavam isentos os convertidos. Finalmente, a maioria dos cristãos egípcios e os berberes da África do Norte não suportaram o jugo dos gregos de Constantinopla e acolheram os muçulmanos como libertadores que lhes permitiam praticar sua fé sob a autoridade de seus próprios patriarcas. Em seu livro *Islam et chrétienté. Treize siècles de cohabitation*, publicado em 1991, Alain Brissard explica que, se o papel da cimitarra foi fundamental na conquista dos territórios, o do Alcorão não foi menos importante para a conquista das almas. Também André Miquel sublinha em sua obra *L'Islam et sa civilisation*, publicada em 2002, que o Islã modificou o mínimo possível e mais se superpôs do que se impôs aos costumes locais.

A segunda expansão do Islã começou no século XI e somente perdeu o impulso no século XVII. Foi realizada pacificamente por comerciantes e missionários que se esforçavam para conquistar para sua fé em primeiro lugar os príncipes e soberanos, cujos povos acabavam por segui-los, em um processo que algumas vezes durava vários séculos. Este foi o caso da Índia Meridional, do arquipélago das Maldivas, da ilha de Sumatra, da Malásia, da China Meridional, do arquipélago da Indonésia, da África Oriental, da Etiópia e do Sudão. A partir do século XIV, foram os pastores (xeques) e marabus que progressivamente converteram a África Ocidental, onde a colonização europeia contribuiu para as conversões como uma forma de reação ao dominador. Por outro lado, a Índia Setentrional foi conquistada militarmente pelos mamelucos do Egito e pelos turcos persas islamizados.

A terceira expansão foi mais militar do que pacífica, comandada pelos otomanos, oriundos da tribo turca dos *Ghuzzi*, que se apoderaram, em 1453, de Constantinopla, passando a chamá-la de Istambul, e ocuparam a seguir a Grécia, a Sérvia, a Albânia, a Bulgária, a Hungria, o

Magrebe norte-africano (com exceção de Marrocos) e todo o Oriente Próximo. No entanto, em toda a extensão de seu império, os sultões otomanos reconheceram os *millets*, ou "comunidades religiosas" dos ortodoxos, armênios e judeus, e aceitaram sua hierarquia. Cada comunidade tinha o direito de conservar sua língua e sua religião, uma concessão que, embora geralmente ignorada, impediu que os países balcânicos fossem germanizados ou eslavizados em sua totalidade.

Considerados pelos Estados Unidos como a primeira guerra do século XXI, o ataque de 11 de setembro de 2001 e os que se seguiram evidentemente reavivaram as "ideias preconcebidas" sobre o Islã, que desejaria impor-se através da conquista guerreira ou, pior ainda, por meio do terrorismo, embora isso seja, recordemos mais uma vez, defendido apenas por um grupo de extremistas islâmicos.

"O ISLAMISMO É UMA RELIGIÃO INTOLERANTE?"

ZOPIRE:
O quê? Eu baixarei os olhos diante de seus falsos prodígios?
Eu, deste fanático louvar os prestígios?
A paz com este traidor? Ah, povo sem coragem no coração,
A única coisa que vos espera é uma horrível escravidão!
Voltaire, Maomé ou o fanatismo (1741)

Os textos e discursos denunciando o fanatismo de Maomé e a intolerância do Islã são inumeráveis no Ocidente. A maior parte deles baseia-se na história islâmica ou nos textos escritos por muçulmanos – ainda que seja necessário sempre distinguir entre o Alcorão, a "Palavra de Deus", e os escritos de seus comentaristas, suas interpretações e os costumes sociais. Por outro lado, eminentes orientalistas acentuaram a tolerância da religião maometana com o apoio tanto dos acontecimentos históricos quanto dos textos de outros religiosos. É preciso admitir que o tema é complexo.

A questão mais controvertida é a da jihad, ou "a luta contra si mesmo para se aperfeiçoar", que a mídia ocidental sistematicamente traduz como "guerra santa". É verdade que as proclamações belicosas dos chefes de alguns movimentos islâmicos contemporâneos também os apoiam nessa interpretação, em particular os apelos à jihad incitados por Osama Bin Laden. Contudo, esses apelos foram condenados por muitos setores do mundo muçulmano, pela OCI[5], pela Liga Árabe e por autoridades religiosas incontestadas, como a Universidade de Al Azhar, do Cairo, que os reprovam por instrumentalizar o Islã e inclusive por trair seus princípios.

---

5. Organização da Conferência Islâmica, um conjunto de 56 Estados muçulmanos que proclama sua solidariedade econômica, social e política. (N.T.)

Segundo o Alcorão, o muçulmano deve aceitar a jihad no caso de ser agredido ou ameaçado: "Não te submetas aos incrédulos: luta contra eles pela força ou por meio do Alcorão" (Surata XXV, versículo 52). É principalmente nesse versículo que Bin Laden se fundamenta para tentar justificar as ações terroristas da Al-Qaeda. Ele afirma que os "homens-bomba" são *chuhada* (singular, *chahid*), o que significa "testemunhas da fé", geralmente traduzido como "mártires". No próprio Alcorão, esse termo figura unicamente na primeira acepção, mesmo assim somente como um dos 99 atributos de Deus, mas o Livro integra a noção do sacrifício ao dizer: "Aqueles que forem mortos no Caminho de Deus irão para o Paraíso" (Surata III, versículo 163). Entretanto, os termos aparecem nos *hadiths** e nos *fuqaha** no sentido de "mártir" e são enunciados respeitosamente pelos xiitas com relação a Ali e a seus filhos, que foram mortos pelos sunitas. Durante a guerra entre o Irã e o Iraque (1980-1988), o aiatolá* Khomeini atribuía o título de *chuhada* aos voluntários iranianos que saltavam sobre as minas terrestres a fim de fazê-las explodir para permitir que os regimentos do exército avançassem depois sem perigo. Mais tarde, grupos sunitas extremistas, como os *Gamaa Islamiyya* do Egito e as redes terroristas, como o GIA[6] e a Al-Qaeda, formaram batalhões de verdadeiros kamikazes, dispostos a explodir juntamente com seus alvos. Seus chefes explicam que esses voluntários são justiceiros que, de forma semelhante ao Sansão da Bíblia – que destruiu o Templo (do deus filisteu Dagon) – estão dispostos a morrer para levar consigo os inimigos de Deus. Em sua retórica,

---

6. O Grupo Islâmico Armado (Al-Jamassatu al-Islamiyati al-Musallah) foi criado na Argélia durante a guerra civil, que durou de 1992 a 1999, mas permaneceu ativo até 2006. Seus objetivos declarados eram exterminar todos os judeus, cristãos e outros infiéis do território argelino e derrubar o governo republicano, a ser substituído por um califado. (N.T.)

o "Templo" é o Ocidente arrogante que explora os pobres. Eles se apresentam como os fracos e oprimidos que aceitam morrer em nome do Islã, enquanto matam os infiéis judeus e cristãos, na companhia de seus aliados muçulmanos. As organizações palestinas Jihad e Hamás fazem a mesma coisa, mas explicam que estão lutando contra as forças de ocupação israelenses, aliadas dos Estados Unidos. Aliás, desde as primeiras conquistas elaborou-se a teoria do *Dar el Islam*, o "território do Islã" ou "território da paz", que é formado pelas terras da *ummá*, a comunidade dos muçulmanos, em oposição ao "território da impiedade", *Dar el Kufr*, ou ao "território da guerra", *Dar el Harb*, que deve ser conquistado para a charia*, a lei islâmica, seja pela pregação da palavra, seja pela força das armas. Essa temática, recorrente entre os primeiros conquistadores, foi retomada por contemporâneos nossos tão diferentes como o aiatolá Khomeini, que é um iraniano xiita, o coronel líbio Muammar el-Khaddafi, sunita reformista, ou Ali Benhadj, sunita argelino e segundo em comando na Frente Islâmica de Salvação (FIS), um partido político armado que hoje se encontra dissolvido.

Agindo com maior realismo, os juristas muçulmanos definiram igualmente a existência do *Dar el Solh*, ou "território da trégua", que pode conservar-se em paz mediante o pagamento de tributos. Eles também determinaram que as relações entre o "território do Islã" e o "território da impiedade" poderiam ser regidas pela *daruriyya* [daruriá], ou "estado de necessidade", em condições ditadas pela superioridade dos infiéis ou por imperativos econômicos, técnicos e sociais. Paradoxalmente, os juristas não previram os relacionamentos dos muçulmanos que vivem no "território da impiedade", os quais podem ser divididos em dois grandes grupos.

O primeiro compreende as minorias nacionais que vivem, desde que se converteram à religião, entre os hinduístas e budistas (Índia, Ceilão etc.), católicos (Filipinas), animistas ou cristãos (África). A formação dos Estados nacionais durante os séculos XIX e XX provocou tensões e a formação de três tipos de situação geopolítica. Os muçulmanos provocaram a divisão legal de países, como no caso do Paquistão, em que a situação já precária de aproximadamente dois milhões de cristãos (em um total de 150 milhões de habitantes em 2004) deteriorou-se ainda mais. Após as respostas americanas aos ataques de Bin Laden, suas igrejas sofreram uma série de atentados. Outros reivindicaram a independência de territórios, algumas vezes pela força das armas, como ocorreu em certas ilhas das Filipinas e na Tchetchênia. Na Nigéria, onde os maometanos são a maioria nas doze províncias setentrionais, aqueles impuseram aos cristãos, geralmente por meio da violência, a lei islâmica, embora a constituição do país o proíba. O mesmo acontece no Sudão, onde se estima que o conflito tenha causado dois milhões de mortes entre os cristãos e os animistas do sul no transcurso dos últimos cinquenta anos. O governo de Cartum assinou um tratado de paz com cristãos e animistas em 2005, mas desde 2003 um novo conflito econômico-político vem ocorrendo na província ocidental de Darfur, cujas tribos são muçulmanas, mas não são árabes.

O segundo grupo é constituído pelas minorias que emigraram dos países árabes, principalmente para a Europa e as Américas. As reações de seus representantes são divergentes: alguns reivindicam o reconhecimento do direito comunitário da *ummá*, enquanto outros recomendam aos fiéis que se adaptem às leis do país hospedeiro.

Os teólogos e intelectuais, que desejam conciliar o Islã com a modernidade e que recomendam o diálogo com os judeus e cristãos, citam versículos do Alcorão que recomendam a tolerância, a coexistência pacífica e inclusive o ecumenismo: "Se Deus quisesse, ele vos teria transformado em uma comunidade única, mas Ele preferiu vos experimentar com Seus dons. [...] Ele vos informará a solução para o motivo de vossas divergências" (Surata V, versículo 48). Ou também: "Aqueles que creem em Deus, aqueles que praticam o judaísmo, aqueles que são cristãos ou sabeus, aqueles que creem em Deus e no dia do Juízo Final, aqueles que praticam o bem: eis aqueles que encontrarão sua recompensa junto de seu Senhor. Eles não deverão viver sob qualquer medo, eles não deverão ser afligidos" (Surata III, versículo 62). Uma vez que são a Palavra de Deus, esses textos é que deveriam prevalecer, mas o que se constata é que as interpretações mais rigorosas do *fiqh*, o direito muçulmano, elaborado por juristas-teólogos, com frequência os arrebata.

A *dhimma*, ou pacto de proteção, permitia aos monoteístas minoritários viver em paz no meio dos muçulmanos (em certas cidades, alguns quarteirões lhes eram reservados), praticar seu culto sem serem perturbados e manter seus relacionamentos pessoais (como o casamento), mas os submetia ao pagamento de impostos e limitava sua participação na vida urbana: deveriam usar vestes diferentes, eram proibidos de ostentar sinais de nobreza, tais como andar a cavalo, não tinham permissão para assumir cargos administrativos, políticos ou militares (essas famílias voltavam-se para a medicina, as finanças, o comércio, a literatura ou as artes), assim como procissões eram limitadas ou proibidas e as igrejas não podiam utilizar sinos para conclamar os fiéis à prece. Aplicada com maior ou menor rigor conforme a época e segundo o pensamento dos soberanos, a *dhimma* foi um dos meios que favoreceu as conversões progressivas ao Islã. De qualquer modo, durante a Idade Média, constituía um progresso com relação à situação enfrentada por judeus e muçulmanos nos territórios em que predominavam os cristãos.

Na Europa, os árabes berberes (mouros) estiveram presentes na Península Ibérica entre 711 (travessia do

Estreito de Gibraltar[7] pelas tropas de Tarik) e 1492 (retomada de Granada pelos espanhóis). É bem verdade que esse longo período foi contaminado por tensões e conflitos; contudo, durante mais de três séculos, a coexistência entre judeus, cristãos e muçulmanos foi exemplar, e o florescimento de intelectuais, particularmente fecundo.

Com grande frequência, durante sua segunda expansão, o Islã conseguiu obter a adesão de povos muito diferentes nos planos religioso, econômico, cultural e social. Soube aproveitar as perturbações econômicas e as "rupturas sociais" ao se apresentar como um mediador. Substituiu formas de vida comunitária tornadas anacrônicas ou estratificadas por sua própria maneira de ser mais espontânea e moderna para a época e transmitiu uma certa racionalidade às sociedades que o adotavam. Desse modo, no Sudeste Asiático, principalmente em Java e na região de Angkor (Camboja e Laos), os povos passaram de uma concepção cosmogônica (o palácio do rei é o centro de tudo) para uma visão geográfica e cronológica do mundo: os fiéis rezam voltados em direção a Meca, peregrinam até seu santuário e lá se encontram com os muçulmanos de outros povos. Durante os séculos XIX e XX, ocorreu o mesmo processo na África Negra, sobretudo porque, melhor que os sincretismos da Igreja Católica, o Islã soube integrar diversos costumes locais, entre os quais a poligamia, e não procurou impor o uso do véu às mulheres que tradicionalmente andavam quase nuas.

A adoção na França, em 1789, da Declaração dos Direitos do Homem e do Cidadão, colocou em relevo o caráter anacrônico da *dhimma*. Hoje em dia, ela se encontra oficialmente em desuso, mas seus princípios e outras práticas ainda em curso estão em contradição com a Declaração Universal dos Direitos do Homem pro-

---

7. O nome Gibraltar deriva de *Djeb el-Tarik*, o Rochedo de Tarik, comandante da invasão. (N.T.)

mulgada pelas Nações Unidas em 1948, que também foi assinada pelos países muçulmanos, embora com algumas objeções. Por isso, a Arábia Saudita apresentou reservas em relação a muitas cláusulas, como o direito de mudar de religião. Esse país igualmente proclamou como sendo "sagrado" o conjunto de seu território, e não somente as cidades santas de Meca e de Medina, de tal forma que é proibida não somente a edificação de igrejas católicas, templos protestantes ou sinagogas, como também o ato de celebrar o culto dessas religiões, mesmo em caráter privado, sob pena de prisão, apesar do fato de que muitas centenas de milhares de trabalhadores imigrados para a Arábia Saudita sejam cristãos. Essa situação provocou o surgimento de tensões com o Vaticano, que não se opôs à construção em Roma de uma grande mesquita financiada pela Arábia e esperava que, como contrapartida, esse reino abrandasse sua posição e demonstrasse maior respeito pelos direitos dos outros crentes. Os muçulmanos deram o devido apreço aos gestos de aproximação iniciados por João Paulo II; todavia, apesar das reformas postas em andamento no plano interior, como o reconhecimento da Associação Nacional dos Direitos do Homem (2004) e o direito ao voto, por enquanto concedido somente aos homens (2005), o governo de Riyad não modificou em nada a sua atitude com relação a outras religiões.

"A CIVILIZAÇÃO ÁRABE-MUÇULMANA NÃO INVENTOU NEM CRIOU NADA?"

> *Um segundo erro [...] consiste em considerar os sábios árabes como puros e simples transmissores da cultura. [...]. De tanto repetir tal assertiva e calar o resto, os críticos acabaram por convencer um bom número de cientistas árabes.*
>
> DJEBBAR, Ahmed. "Les scientifiques arabes face à leur patrimoine". In: *Monde arabe, Maghreb/Machrek*, nº 105, 1984.

Esta "ideia preconcebida", que surgiu durante a Renascença, foi reforçada durante o século XIX. Durante o século XVI, enquanto a civilização árabe-muçulmana entrava em declínio, a Europa recuperou a ascendência e redescobriu sua herança greco-romana; ela admitiu perfeitamente sua dívida: a maior parte dos textos perdidos durante "a idade das trevas" havia sido traduzida para o árabe por eruditos sírios que dominavam tanto o latim quanto o grego, mas salientou que estes eram mais cristãos do que árabes. É verdade que os beduínos da Arábia que viviam na época em que se iniciaram as conquistas tinham poetas, mas não sábios. Durante o século XIX, os defensores do secularismo laico – contando com grandes escritores, como Ernest Renan, e o positivismo de Auguste Comte – criticaram o obscurantismo das religiões sobre um pano de fundo de antissemitismo – ora, os árabes também são semitas. Partilhando desse ponto de vista, os orientalistas da época minimizaram as contribuições originais da civilização árabe-islâmica, explicando que não passara de uma corrente de transmissão da ciência grega e dos conhecimentos dos sábios hindus e persas. Todavia, especialistas, em sua maioria europeus e árabes, particularmente o cientista paquistanês Abdus Salam (1926-1996), o primeiro Prêmio Nobel em Física (1979) de todo o mundo muçulmano, restabeleceram os fatos durante a segunda metade do século XX. Em 1999, o Prêmio Nobel de Química foi concedido ao egípcio Ahmad Zuwail.

Do século VIII ao século XIII, essa civilização construiu a tecnologia de ponta da modernidade. Certamente houve um "milagre grego" na Antiguidade, mas houve igualmente um "milagre árabe" na Alta Idade Média, realizado pelos sábios e intelectuais que decidiram redigir seus trabalhos nessa língua, mesmo sendo persas, berberes, andaluzes etc. Eles exploraram todos os domínios do saber: a astronomia, a matemática, a física, a química, a medicina, a filosofia, a geografia, a arquitetura, a botânica e a história. Esses árabes, inicialmente cristãos, depois convertidos ao islamismo, começaram traduzindo os textos fundamentais de gregos, persas e hindus. Os conquistadores árabes assimilaram paralelamente as técnicas e os conhecimentos dos povos conquistados, antes de começar a inovar com a colaboração destes e, finalmente, progredir com suas próprias pernas.

O norte-americano George Sarton (1884-1956) dividiu sua monumental *Introduction to the History of Science* (três volumes, publicados entre 1927 e 1948) em "épocas" com a duração de cerca de meio século, associando cada uma delas a uma "figura central". Ele constatou que, após a passagem dos egípcios, dos gregos, dos alexandrinos, dos romanos e dos bizantinos, os árabes e persas formam uma sucessão ininterrupta entre 750 e 1100 de nossa era. Vamos citar alguns: Jabir (floresceu em torno do ano de 800), alquimista árabe conhecido no Ocidente pelo nome de Gerber; Khawarizmi (780-850), inventor da álgebra e dos algoritmos; Razi ou Rhazés (865-925), médico persa e fundador do primeiro hospital de Bagdá; Biruni (973-1050), nascido em Khwarezm (Corásmia, a Terra do Sol em turco), na Ásia Central, astrônomo, historiador, geógrafo e matemático, autor da célebre *Kitab al-Hind* ou *Descrição da Índia*, difundida a partir de 1030; Avicena (980-1037), nascido em Bukhara, Uzbequistão, filósofo, comentador de Aristóteles e médico, cujos tratados permaneceram em uso nas universidades europeias até o século XVII; Omar Khayyam (1047-1122), matemático e poeta persa.

Por sua vez, Abdus Salam considera Ibn Haitham ou Al-Hazen (965-1039) como "um dos maiores físicos de todos os tempos". Ele salienta que ele formulou as leis da ótica muito antes do inglês Roger Bacon (1212-1294), assim como a lei da inércia, que seria apresentada como a primeira lei do movimento dos corpos no tratado de Isaac Newton (1642-1727).

Recordemos também que os algarismos arábicos, de 1 a 9, que utilizamos até hoje, foram inventados no Magrebe norte-africano (embora sua grafia no Oriente Próximo seja de origem hindu-persa) e introduzidos na Europa cristã pelo monge Gerbert d'Aurillac, quando este se tornou papa em 999, adotando o nome de Silvestre II; ele os descobrira no transcurso de uma missão secreta que realizara no califado de Córdoba, na Espanha. O zero, também de origem hindu, traduzido em árabe por *as-sifr* (que originou *cephirum, zefero* em italiano e *chiffre* e *zéro* em francês), só foi introduzido no século XII. A numeração decimal representa um progresso considerável com relação ao sistema dos romanos. Por exemplo, CCCXXXIII hoje se escreve 333 graças aos árabes; assim, o sistema de unidades, dezenas e centenas permite cálculos não só mais rápidos, como também mais complexos.

Foi somente a partir do século XII, conforme sublinha Sarton, que começaram a aparecer os primeiros sábios europeus. Todavia, ainda durante dois séculos e meio, as participações dos homens do Islã no campo das ciências será considerável e contribuirá para mascarar o declínio da civilização árabe, que já se iniciara no século XII, como veremos mais adiante. Para citar os maiores, temos Averróes (1126-1198), filósofo andaluz e comentador de Aristóteles (como Avicena antes dele); Moisés Maimônides

(1135-1204), teólogo e médico judeu, também andaluz; Ibn Batuta (1304-1377), geógrafo e viajante marroquino cujas expedições equiparam-se perfeitamente às do genovês Marco Polo (1254-1324); Ibn Khaldun (1332-1406), nascido em Tunis, precursor da sociologia e historiador no sentido moderno do termo, mesmo que tivesse vivido numa época em que existiam apenas cronistas de ambos os lados do Mediterrâneo. Sem as contribuições de todos estes, a Renascença europeia não teria conseguido atingir o que realizou. A origem árabe de várias palavras nas línguas europeias testemunha igualmente essa influência.

Partindo do deserto, os nômades enraizaram-se e tornaram-se grandes construtores de cidades; fundaram cerca de duzentas, a maior parte das quais permanece até hoje. No começo da conquista, não dispunham de arquitetos e precisaram recorrer aos bizantinos quando quiseram edificar seus primeiros monumentos, particularmente a Mesquita de Omar ou o Domo do Rochedo em Jerusalém, erguidas entre 688 e 692. Contudo, a partir da metade do século VIII, os árabes e os povos sedentários que se haviam convertido à sua religião elaboraram uma arte original muito característica, cujos melhores exemplos são a grande mesquita de Damasco, erguida entre 706 e 715, e a de Córdoba, erguida entre 785 e 800. A arquitetura em si é bastante despojada, mas a decoração, que proibia a representação figurada e privilegiava a abstração, na forma específica de arabescos ou de caligrafia, foi desenvolvida em grande profusão.

A civilização árabe-islâmica contribuiu igualmente para transformar a paisagem mediterrânea, nela aclimatando espécies vegetais trazidas da Ásia Central, entre elas a laranjeira, o pessegueiro, a ameixeira, o damasqueiro e as cucurbitáceas (melancia, melão, abóbora). Influenciados pelos já legendários Jardins Suspensos da Babilônia, uma das sete maravilhas do mundo antigo, os muçulmanos introduziram nos territórios latinos a cultura em terraços e os sistemas de irrigação e de repartição das águas, boa parte dos quais ainda se encontra em uso na Espanha. De forma semelhante, durante a Idade Média, os árabes inspiraram-se nas tradições culinárias greco-bizantinas, persas e turcas e desenvolveram sua própria arte culinária complexa e refinada, que acabou por influenciar as cozinhas e dietas das margens setentrionais do Mediterrâneo.

Com referência a esse tema, é importante citar Ziryab (789-857), um árbitro da elegância e do bom gosto. Originário de Bagdá, no atual Iraque, viveu em Córdoba, na Espanha. Foi ele quem introduziu a moda por estações (roupas fabricadas com tecidos leves e de cores vivas durante a primavera, vestes brancas no verão, mantos e roupas de pele no inverno), criou um instituto de beleza de modernidade espantosa, fixou a ordem dos pratos nas refeições – entradas, pratos principais, sobremesas –, substituiu as taças de ouro e prata por copos de vidro com pés, iguais aos que usamos hoje, e restabeleceu a tradição dos banquetes.

Portanto, quais foram as causas do declínio que, por sua vez, originou uma "ideia preconcebida" em grande parte fundamentada? As causas geopolíticas e econômicas são inegáveis: os ataques sucessivos dos mongóis e a queda de Bagdá, em 1258, acompanhados pelo crescimento da potência de Veneza, de Gênova e de Lisboa, as quais abriram novas rotas comerciais terrestres e marítimas. Contudo, a causa principal foi interna: o império dos califas da dinastia Abássida foi dilacerado por guerras intestinas, ameaçado pelos conflitos e rebeliões dos xiitas e ainda agitado pela efervescência intelectual.

Em 1019 (o ano 409 da hégira), Al Qadir, então califa de Bagdá, tomou uma decisão política utilizando a religião: mandou ler no palácio e depois nas mesquitas uma profissão de fé mais tarde intitulada *Risala al-Qadiriya* ou "Epístola de Qadir", na qual condenava a doutrina da "Criação do Alcorão", proibia novas exegeses (interpretações do Livro) e fixava o credo oficial. Desse modo, ele "fechou a porta da *ijtihad*" (esforço de pesquisa pessoal), segundo uma expressão em uso entre os muçulmanos. Também matou o espírito crítico e encorajou a *taqlid*, ou "imitação servil", em detrimento da inovação. Comentando essa decisão, cujas consequências se fazem sentir até os dias de hoje, o grande erudito Al Ghazali escreveu, no ano de 1100 de nossa era, em sua obra *Ihya al-Ulum al-Islamia* [*A renascença das ciências religiosas*]: "Na verdade, é um crime doloroso que comete contra a religião o homem que imagina que a defesa do Islã inclua a recusa das ciências matemáticas". A partir de então, diversos reformadores, como veremos mais adiante, esforçaram-se para "reabrir a porta da *ijtihad*".

Um dos mais graves problemas que continuam a se impor em grande parte dos países muçulmanos é o do ensino inspirado pelo método corânico e fundamentado em sua aprendizagem decorada. Unicamente nos países árabes, em 2005, cerca de 50% das mulheres e 30% dos homens eram analfabetos. Um relatório da Organização da Liga Árabe para a Educação, Cultura e Ciências (ALECSO), estabelecida no final da década de 1990, afirma que "os programas educacionais, em vários casos, não correspondem nem às necessidades da sociedade árabe, nem às exigências de seu desenvolvimento. De maneira semelhante, não conduzem à formação do espírito crítico, científico e democrático".

A partir de então, a situação não melhorou em nada. O segundo relatório do Programa das Nações Unidas para o Desenvolvimento (PNUD) sobre o mundo árabe toca as trombetas de alarme. Redigido por intelectuais árabes e publicado em 2004, ele salienta a existência de "grandes deficiências" e apresenta uma longa lista de atrasos, principalmente os seguintes: acumulação de conhecimentos medíocres, fraqueza da capacidade de análise, falta de espírito criativo e de abertura para o mundo, ausência de pesquisas fundamentais. Recomenda, portanto, que se restabeleçam os liames com o espírito da "idade de ouro" do islamismo para se reencontrar a modernidade perdida.

"O ISLAMISMO SEMPRE ESTEVE EM GUERRA COM O OCIDENTE?"

> *O avanço rápido e imprevisto do Islã [...] teve como consequência a separação definitiva entre o Oriente e o Ocidente.*
> Henri Pirenne, *Maomé e Carlos Magno* (1935)

Ano 636: vitória dos árabes sobre os bizantinos na Síria. 638: tomada de Jerusalém pelos muçulmanos. 711: os árabe-berberes (mouros) atravessam o estreito de Gibraltar e ocupam a maior parte da Espanha até 1492. 732: Batalha de Poitiers, já em território francês, que suspende seu avanço. 831-1061: os árabes conquistam a Sicília e nela permanecem até a chegada dos normandos. 1095: o papa Urbano II prega a primeira cruzada. 1099: tomada de Jerusalém pelos cruzados. 1187: Saladino retoma Jerusalém. 1270-1291: oitava e última cruzada; morte de São Luís (Luís IX), rei de França. 1453: os turcos otomanos capturam Constantinopla. 1529: expulsão dos otomanos após o longo cerco de Viena; eles permanecem instalados nos Bálcãs. 1774: início da Questão do Oriente; declínio dos otomanos; o Islã torna-se alvo das ambições dos europeus. 1830: início da conquista da Argélia, que traz consigo milhares de colonos europeus. 1928: fundação do movimento dos Irmãos Muçulmanos, origem e modelo de todas as organizações islamitas posteriormente fundadas. 1943-1962: descolonização do Oriente Próximo e do Magrebe. 1979: vitória do aiatolá* Khomeini e da revolução islâmica no Irã; avanço da vaga islamita ao redor do mundo. Onze de setembro de 2001: atentado da rede de Bin Laden contra os Estados Unidos. A seguir, vários ataques foram lançados, muitos deles em países muçulmanos acusados de serem aliados do Ocidente, como a Indonésia, a Arábia Saudita e o Marrocos.

Listamos aqui alguns dos marcos nas relações conflitantes entre o mundo muçulmano e o Ocidente cristão. Na Europa, a partir do século VII, a memória coletiva foi impressionada pela tomada de Jerusalém; a fulgurante progressão dos "cavaleiros de Alá" gerou as primeiras "ideias preconcebidas" sobre a cimitarra, o sabre de lâmina curva assimilado à lua em quarto crescente que simbolizava o Islã, em oposição à espada cristã cujos copos eram em forma de cruz. Apesar das contribuições consideráveis da civilização árabe-islâmica em favor da Europa, esta vê desde então no Islã seu inimigo hereditário. A verdade é que a razão teológica das três religiões monoteístas é concebida como um sistema de exclusão das duas outras e nem sempre é fácil separar a defesa sincera da fé dos interesses políticos e militares. Todavia, no começo do século IX, Carlos Magno (742-814), imperador dos francos, e Harun al-Rashid (768-809), califa de Bagdá, trocaram embaixadas, e este último mandou enviar simbolicamente ao imperador as chaves de Jerusalém. Na realidade, eles têm um inimigo em comum: Abd Al-Rahman I (761-850), sobrevivente da dinastia dos Omíadas de Damasco, que se instalara em Córdoba no ano de 756.

Inversamente, a imaginação árabe-muçulmana permanece marcada até os dias que correm pelas oito cruzadas, cujos resultados não foram favoráveis aos cristãos, e pela Reconquista iniciada na Espanha desde o século VIII e concluída pelos Reis Católicos (Fernando de Aragão e Isabel de Castela); de fato, os domínios muçulmanos na Espanha só foram reduzidos ao reino de Granada em 1269, e este apenas foi tomado em 1492. Na verdade, a Reconquista foi a única cruzada vitoriosa e teve caráter interno, mas apoiou-se na Inquisição e em seu temível tribunal do Santo Ofício, que expulsou judeus e mouriscos da Espanha e que representa a antítese da mensagem de amor transmitida por Jesus. A partir do século XIX, os povos e dirigentes árabes não cessaram de acusar a colonização de ter sido uma nova cruzada, ainda mais porque, mesmo depois da separação oficial entre a Igreja e o Estado, em 1905, a França leiga permitiu que os missionários católicos continuassem a converter muçulmanos e a construir na África do Norte enormes e orgulhosas catedrais. O Ocidente também foi acusado de ter apoiado, em 1948, a criação do Estado de Israel. Finalmente, a guerra lançada pelos Estados Unidos contra o Iraque, em março de 2003, para derrubar Saddam Hussein e restabelecer a democracia no país é considerada pela maioria dos muçulmanos como uma "nova cruzada" e uma "recolonização".

Por outro lado, os muçulmanos foram assaltados por quatro vagas impiedosas de mongóis vindos do fundo da Ásia sob o comando de Gêngis Khan e de seus sucessores. A terceira delas destruiu Bagdá e pôs termo ao império Abássida (1258). A seguir, vieram as novas hordas comandadas por Tamerlão, o Terrível (1336-1405). Milagre de Alá! Ele se converteu! No entanto, impôs o Islã mongol, edificando literalmente pirâmides de crânios. Foi essa a lembrança que conservaram os europeus, identificando árabes, muçulmanos e mongóis.

Vindos igualmente das estepes da Ásia Central, os turcos aproveitaram-se dessas comoções e desses transtornos para afirmar seu poderio antes que fossem igualmente convertidos e islamizados. Uma de suas tribos, os osmanlis, depois chamados de otomanos, impôs sua hegemonia sobre parte do Mediterrâneo oriental, começando pelos Bálcãs: obtiveram vitórias sobre os sérvios eslavos e ortodoxos em Kosovo (1389), sobre os húngaros católicos e seus aliados búlgaros ortodoxos em Nicópolis (1396) e sobre os gregos ortodoxos em Atenas (1397). Entre 1467 e 1571, dominaram a Albânia, a Bósnia, a Hungria e as ilhas de Rodes e de Chipre. Compensando o refluxo árabe-berbere de 1492, reintroduziram o Islã na Europa. Foi somente a partir de 1515 que estenderam sua suserania sobre o Oriente Próximo e o Magrebe, com exceção de Marrocos.

A derrota no cerco de Viena foi compensada pela audaciosa aliança entre Francisco I, da França, e o sultão otomano chamado Solimão, o Magnífico. Cada um deles tinha suas vantagens. Tornada então a principal potência do Mediterrâneo ocidental, a França queria impedir a penetração de outras hegemonias, particularmente a dos Habsburgos da Áustria e seu imperador Carlos V. A preocupação do sultão era idêntica, pretendendo conter o avanço da Rússia tzarista. Os negociadores das capitulações constatam "as calamidades e desvantagens causadas pela guerra" e "a felicidade e tranquilidade produzidas pela paz". Graças a esse tratado, o rei francês obtecve vantagens comerciais; além disso, os comerciantes franceses estabelecidos no Império Otomano passavam a depender somente de seus cônsules. O rei Francisco I é considerado como o iniciador da "política mediterrânea da França" (inclusive uma política de aproximação com os árabe-muçulmanos) que seria continuada, em nome dos interesses do Estado, pela monarquia, pela Convenção republicana e pelo Império Napoleônico. Seria retomada mais tarde pelo general De Gaulle, responsável pelo encerramento do parêntese colonial favorecido pela Terceira e pela Quarta Repúblicas francesas.

O século XIX foi dividido por correntes contraditórias. Poetas, escritores e pintores românticos europeus redescobriram o Mediterrâneo e colocaram em moda o orientalismo. Por outro lado, foi esta a época em que os militares e políticos deram início à colonização, ao mesmo tempo em que ideólogos leigos e religiosos denunciavam o Islã como o adversário da latinidade. Frequentemente, as autoridades religiosas muçulmanas estabeleceram pactos e compromissos com os colonizadores para que eles não interviessem em seus próprios domínios espirituais, embora os nacionalistas leigos e favoráveis à formação de governos laicos dessem início a lutas de libertação a fim de estabelecer em seus territórios os Estados e as nações modernos. As constituições dos países tornados independentes estipulam que o Islã é a religião do Estado. Enquanto isso, os movimentos islâmicos constituídos segundo o modelo dos Irmãos Muçulmanos do Egito multiplicaram-se para tentar a conquista do poder. Essa vaga culminou com a vitória de Khomeini, cujo retorno ao Irã fora favorecido pelos Estados Unidos com o intento de criar obstáculos para a expansão da União Soviética e dos partidos comunistas locais, além dos regimes nacionalistas e socialistas de países como o Iraque e a Síria. Recusando enquadrar-se nessa estratégia, bem ao contrário, ele se voltou contra os norte-americanos, confirmando assim a "ideia preconcebida" de que o Islã sempre estivera em guerra contra o Ocidente. As imprecações lançadas pelos pregadores muçulmanos contra os ocidentais libertinos e ímpios, como certas ações terroristas de movimentos islamitas que os tomaram por alvo, contribuíram para reforçar mais ainda essa ideia.

Ela foi levada a seu paroxismo pelo atentado de 11 de setembro e pelas declarações de Osama Bin Laden difundidas a 7 de outubro pela cadeia televisiva Al-Jazira, cuja sede fica no Qatar: "Vejam a América ferida por Alá. [...] Nós agradecemos a nosso Deus por isso. [...] Estes eventos dividiram o mundo inteiro em dois partidos, o daqueles que defendem a fé e vivem sem hipocrisia e o dos descrentes". Ele salienta a humilhação "sofrida pela nação muçulmana durante os últimos oitenta anos" (depois da derrota do Império Otomano e da abolição do califado). Ainda que até esse momento Bin Laden não tivesse se demonstrado a favor dos palestinos, ele afirmou com indiscutível oportunismo: "Eu juro por Deus que a América jamais encontrará a paz antes que a Palestina a encontre". Logo depois, seu braço direito, Soleiman Abu Gaith, lançou "a jihad contra os judeus e os americanos".

Em resumo, ambos tentaram legitimar um atentado injustificável.

As ações de Bin Laden e suas declarações encontraram eco em parte da opinião pública do mundo muçulmano, em particular entre os árabes (inclusive os árabes cristãos), cujos rancores vinham acumulando-se há meio século. De fato, as diversas resoluções tomadas pelas Nações Unidas com referência ao conflito árabe-israelense, em particular a de número 242, que recomenda a restituição dos territórios ocupados por Israel em 1967 em troca da paz, não foram sempre aplicadas. Por outro lado, foi o povo iraquiano que sofreu os terríveis efeitos do embargo decidido em 1991 para punir Saddam Hussein por haver invadido o Kuwait. Conforme um relatório da Organização Mundial de Saúde, em um período de dez anos, o embargo causou a morte de um milhão e meio de iraquianos, dentre os quais, meio milhão de crianças com menos de cinco anos.

Não obstante, a Liga Árabe e a OCI condenaram as ações terroristas das redes da Al-Qaeda. O xeque Mohammad Hussein Fadlallah, islamita xiita e chefe espiritual do partido libanês Hezbollah, também as condenou e afirmou que elas não podem ser confundidas com a jihad clássica; ele negou a seus autores o título de *chuhada* ou "mártires", afirmando que se tratava de um suicídio vulgar, um *intihar*, proibido pela religião muçulmana. Mohammad Tantawi, o grande-imã da mesquita de Al-Azhar, considerado a mais alta autoridade moral do sunismo, qualificou os atentados como "um crime condenável por todas as religiões reveladas".

Somos forçados a constatar que as concepções de Bin Laden fazem eco à teoria de Samuel Huntington, exposta em seu livro *O choque das civilizações*, publicado em 1996, no qual ele calcula que "sete ou oito" delas, entre as quais o confucionismo chinês, se chocarão contra o Ocidente, mas prevê que a principal das confrontações será com o islamismo. Esta é uma conclusão surpreendente, quando se sabe que são justamente os Estados Unidos que vêm sustentando e encorajando há mais de meio século os movimentos e regimes islâmicos.

"O Islã é a melhor de todas as religiões?"

*Eu acredito [...] que cada muçulmano tem por missão educar
o mundo segundo os preceitos do Islã.
E eu prometo combater para realizar essa missão.*
Trecho do Juramento de Lealdade dos Irmãos Muçulmanos

Todos os crentes estão convencidos de que sua religião é a melhor de todas, e os judeus consideram-se "o povo escolhido por Deus". Isso pode ser considerado como um "lugar comum", mas está particularmente ancorado entre os muçulmanos devido às razões que já expusemos, sobretudo o fato de que Maomé é "o selo dos profetas", e também porque o Islã veio aperfeiçoar e completar as mensagens do Antigo Testamento e dos Evangelhos que foram desvirtuadas pelos judeus e pelos cristãos. Por exemplo, os muçulmanos reconhecem a existência de Jesus e da Virgem Maria, sua mãe, mas consideram que o mistério da Santíssima Trindade, ou um único Deus com três pessoas (Pai, Filho e Espírito Santo), não passa de uma forma de politeísmo. É por esse motivo que o Alcorão proclama a unicidade absoluta de Alá.[8]

Enquanto os judeus dividem-se em orientais, sefarditas (originários da Espanha) e asquenazes (da Europa central e oriental), e os cristãos estão fragmentados em diferentes igrejas ortodoxas, a igreja católica e muitas igrejas protestantes, os muçulmanos apresentam a tendência de salientar – erroneamente – a unidade do Islã. É certo que o dogma e "os cinco pilares" são comuns a todos, mas muito cedo surgiram cismas dentro do Islã. Já

---

[8]. A fórmula *Bismillah wal'Iben wal'Hoth el-Kuduth*, "em nome do Pai, do Filho e do Espírito Santo", adotada pelos cristãos árabes, é considerada uma blasfêmia pelos maometanos. (N.T.)

a partir do século VII, apesar de muitas tentativas, o Islã não conseguiu superar essas divisões.

Logo após a morte de Maomé, que faleceu sem deixar um testamento nem designar seu sucessor, os partidários de Ali estimavam que a sucessão caberia por direito a um membro de sua família e que, em sua condição de primo e de genro, ele deveria ser o primeiro califa. Contudo, a assembleia reunida decidiu de forma diferente. Foi só depois da morte de Othman, em 656 de nossa era, que ele obteve o poder, mas chocou-se então com dois clãs: aquele a que pertencia Aisha, a esposa "bem-amada" do profeta – que devotava a Ali um ódio sem limites, mas que não tinha força suficiente para obter a vantagem –, e o partido de Moawiya, governador de Damasco, do clã dos Omíadas, que aspirava ele próprio ao califado. Em 657, Moawiya atacou Ali em Siffin, às margens do rio Eufrates. Encontrando dificuldades para vencer pela força das armas, ele exigiu que a disputa fosse resolvida por arbitragem. Contra o conselho de uma ala de seus partidários, Ali aceitou, mas a arbitragem foi decidida contra ele. Os partidários que se haviam manifestado contrários condenaram sua fraqueza, abandonaram seu campo e formaram a seita dos *kharijitas*, "os que saíram". Os demais, que lhe permaneceram fiéis, tomaram o nome de *chi'at Ali*, o "partido de Ali", depois chamados xiitas. Em razão de seu número, bem mais que em função de algum princípio teológico, os partidário de Moawiya, o fundador da dinastia Omíada, passaram a chamar-se *Ahl al-jama'a wal sunna*, "o povo da comunidade e da tradição", ou sunitas, acusando os demais de haverem rompido a unidade e provocado os dois primeiros cismas do Islã, contra os quais combateram periodicamente.

As doutrinas desses três grupos serão elaboradas entre o século VII e o IX. Os *kharijitas*, também chamados "os puritanos do Islã", caracterizavam-se por sua intransigência doutrinária; hoje em dia, eles sobrevivem principalmente na região de M'Zab, na Argélia, e no sultanato de Oman. Os xiitas, "os legitimistas do Islã", segundo a expressão de Louis Massignon, aderiam a "uma religião da paixão e do mistério" (André Miquel); modernamente, seus principais bastiões são o Irã e o sul do Iraque, onde se encontram seus lugares santos, Nejef e Kerbela. Os sunitas consideram-se realistas, racionais e participantes do desenvolvimento da história: eles se dividem em quatro escolas jurídicas ou rituais e representam quase 90% dos muçulmanos atualmente existentes no mundo.

O *hanafismo**, derivado do nome de Abu Hanifa (falecido em 767), divide com o *chafeísmo** a preferência dos muçulmanos cuja língua nativa não é o árabe (turcos, indianos, chineses). É o ritual menos exigente, porém, ao longo dos séculos, o *taqlid*, ou imitação servil, eliminou entre eles o *ijtihad*, esforço de exame pessoal, o que pode explicar como seus adeptos no Afeganistão e no Paquistão adotam tão facilmente o fundamentalismo.

O *malequismo**, fundado por Malik ibn Annas (falecido em 795), confere um lugar importante aos costumes e às práticas locais e floresce no Alto Egito (sul), no Magrebe (África setentrional) e na África negra.

O *chafeísmo*, inspirado pelo imã Chafei (falecido em 820), valoriza a *sunna**, como fonte de direito e domina no Baixo Egito (norte), na África oriental, na Indonésia e nas Filipinas.

O *hanbalismo**, segundo o nome de Ahmad Ibn Hanbal (falecido em 855), é um rito rigoroso e pietista, praticado principalmente na Arábia Saudita sob o nome de *wahabismo**, devido à atividade reformista elaborada no século XVIII por Abdel Wahab. Em sua condição de guardiã dos principais lugares santos do Islã, Meca e Medina, a Arábia apresenta-se com o bastião do sunismo, mas Henri Laoust, por exemplo, coloca o *wahabismo* em sua obra intitulada *Les schismes dans l'Islam*.

Por fim, paralelamente ao Islã oficial, legalista e formalista, sobretudo entre os sunitas desenvolveu-se um "outro Islã", um Islã de cunho popular, que estabeleceu entre Alá e os homens um relacionamento mais afetivo. É o sufismo*, uma forma de misticismo que passou por três fases: inicialmente, a dos sufis solitários (ainda no século VIII); depois, a partir do século IX, a do sufismo coletivo, em que seus adeptos reuniam-se nas *khanaqah*, casas em que faziam retiros espirituais coletivos; a partir do século XI, eles se constituíram em grandes confrarias, ou *turuq* (singular, *tariqa* ou "o Caminho"), cujos membros viviam em conventos, sob autoridade de um grão-mestre que os iniciava e conduzia até o Êxtase religioso, sua união com o Bem-Amado (Alá). Mais adiante, foram formadas outras confrarias entre o povo comum, particularmente artesãos e comerciantes que eram encorajados a prosseguir em suas profissões. Muitos dos primeiros sufis foram executados, e os Doutores da Lei, tanto sunitas quanto xiitas, condenaram o sufismo em nome da absoluta transcendência divina. Mas foi tudo em vão. As confrarias enraizaram-se por toda a extensão do mundo muçulmano. Existem até mesmo *turuq* destinados exclusivamente a mulheres.

Os califas, que detinham o poder espiritual e temporal, sempre se esforçavam para manter a unidade, mas a extensão do Islã para incluir povos muito diferentes entre si acabou por provocar rivalidades e até mesmo guerras. A história muçulmana foi marcada por múltiplos califados: os do Oriente – que conservavam sua sede em Medina antes do califado ser transferido para Damasco pela dinastia dos Omíadas em 661 –, os de Córdoba (923-1103), os Abássidas de Bagdá (750-1258), os Fatimidas (xiitas) do Cairo (909-1171), seguidos pelos Mamelucos (1261-1517) e os Otomanos de Istambul (1517-1924) – para citar somente os principais. Fundador da Turquia moderna, Mustafá Kemal Attatürk (1881-1938) aboliu o califado em 1924.

Uma vez que ninguém foi capaz de restaurá-lo, muitos muçulmanos consideram que a OCI, fundada em 1971 por iniciativa da Arábia Saudita e cuja sede se localiza em Jeddah, exerce de certo modo o papel de um califado coletivo, posto que agrupa mais de cinquenta países. Em certo sentido, eles não estão errados; não obstante, a Arábia financiou, até o final da década de 1990, a maior parte dos movimentos islamitas, entre eles os mais violentos, e, mesmo depois dessa data, continuou a dar apoio financeiro a alguns deles, entre os quais os talibãs e seu chefe, o mulá* Omar.

Por outro lado, com a intenção de criar obstáculos para a União Soviética e para os regimes nacionalistas e socializantes, tais como o de Gamal Abdel Nasser, no Egito, e os do Iraque e da Síria, os Estados Unidos, aliados da monarquia saudita, favoreceram e inclusive sustentaram a tomada do poder pelos partidários de um Islã político. Em 1977, no Paquistão, eles ajudaram o general Zia Ul Haq; ele impôs uma ditadura militar e a lei da charia, dando fim ao desenvolvimento de um processo democrático e mandando executar Zulfikar Ali Bhutto, o anterior homem-forte, de tendências nacionalistas e predisposto a formar um Estado leigo. Em 1979, os Estados Unidos deram sinal verde para o retorno do aiatolá Khomeini ao Irã. A partir do mesmo ano, começaram a dar apoio a Osama Bin Laden e aos talibãs do Afeganistão em sua guerra contra o Exército Vermelho da União Soviética, que havia invadido o país. A CIA (o serviço secreto americano) formou voluntários da "Internacional Islâmica", vindos do Paquistão e de outros países árabes; mais tarde, apelidados de "afegãos", alguns desses voluntários treinados pelos norte-americanos participaram do GIA argelino e foram identificados em várias redes terroristas ou fundamentalistas no Sudão, no Egito, na Bósnia-Herzegovina... Após o colapso da União Soviética, em 1989, a cooperação com o governo dos talibãs prosseguiu, com a intenção de instalar um gasoduto e um oleoduto para transportar através do Paquistão e do Afeganistão os hidrocarbonetos do Turcomenistão e do Uzbequistão, antigos países soviéticos da Ásia Central.

Após o 11 de setembro de 2001, devido a um trágico retorno da história, os Estados Unidos caíram na armadilha de sua própria política anterior. Declararam "a guerra do Bem contra o Mal", recorrendo à mesma terminologia com que Bin Laden os acusava de pretenderem iniciar uma nova cruzada! Quanto às atividades islamitas que proclamavam o Islã como sendo a melhor das religiões, eles lhes atribuíram uma imagem francamente negativa, para grande prejuízo da maioria moderada dos muçulmanos, que se achava dividida entre a rejeição da violência e o dever de solidariedade para com os civis afegãos.

Frente a essa situação, os governos da maior parte dos países árabes endureceram sua repressão aos islamitas radicais, em certos casos até mesmo a movimentos moderados, levando muitos deles a realizar revisões dilacerantes em seus programas, renunciando à jihad, em favor da *daawa*, isto é, a "pregação". A intervenção dos Estados Unidos no Iraque, em março de 2003, com o apoio de muitos governos, tanto ocidentais quanto asiáticos, acentuou o medo de uma desestabilização da região ou de certos Estados, como a Arábia Saudita, por exemplo. Diante dessas ameaças, acrescidas à marcha da globalização e à pressão crescente das sociedades civis de cada país, os dirigentes de vários países árabes ou muçulmanos, entre eles o Afeganistão, tomaram medidas de democratização, mas estas foram julgadas insuficientes. Além disso, logo após o assassinato do primeiro-ministro libanês Rafik Hariri (fevereiro de 2005), um sunita pró-ocidental, a Síria evacuou suas tropas do Líbano mediante pressão da Organização das Nações Unidas; todavia, a situação predominante no Oriente Próximo vem incitando cada vez mais os cristãos árabes a se autoexilarem.

Finalmente, ao contrário do que se poderia esperar, os múltiplos choques ainda não deram impulso a verdadeiras reformas teológicas, de tal forma que o mundo muçulmano ainda espera por sua Reforma (protestante) ou por seu Vaticano II.

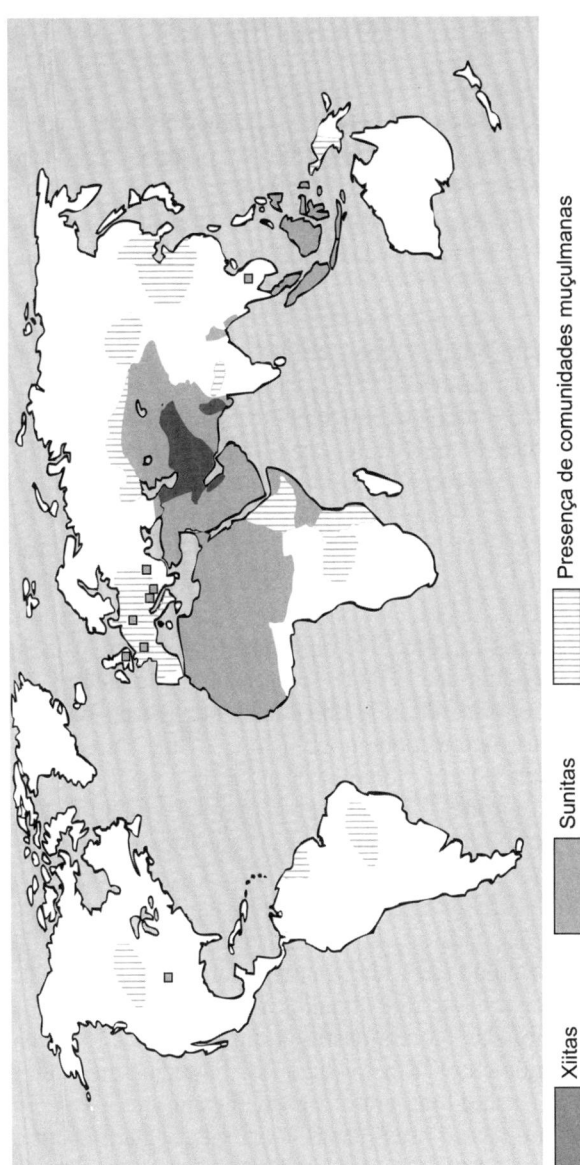

Xiitas | Sunitas | Presença de comunidades muçulmanas

RELIGIÃO E SOCIEDADE

"OS ÁRABES SÃO MUÇULMANOS, E OS MUÇULMANOS SÃO ÁRABES?"

Os turcos, os persas e outros árabes muçulmanos [...]
Trecho de carta de leitor ao jornal *Le Monde*

A esta "ideia preconcebida" é necessário opor o conjunto da realidade: nem todos os árabes são muçulmanos, e nem todos os muçulmanos são árabes! De fato, em um total de aproximadamente um bilhão e meio de muçulmanos ao redor do mundo no início do século XXI, existem somente uns trezentos milhões de árabes. Desse número, temos de descontar cerca de 8% de cristãos, que conservam a religião adotada por seus antepassados desde o início de nossa era. Os dois maiores países muçulmanos são a Indonésia (com 230 milhões de habitantes, país de maioria muçulmana [87%]), seguida pelo Paquistão (150 milhões), cujos habitantes absolutamente não são árabes!

Muitos fatores podem explicar esta "ideia preconcebida", ainda hoje corrente na Europa, por mais que seja totalmente errônea. Um deles é a geografia: o mundo árabe é o mais próximo, e é com ele que os europeus tiveram e continuam tendo os maiores contatos. Outro é a própria religião: os árabes foram os primeiros a difundir o Islã, e espera-se de todos os muçulmanos que sejam capazes de recitar o Alcorão em árabe. Também a história: as primeiras conquistas dos muçulmanos foram realizadas pelos califas Omíadas, uma dinastia puramente árabe (a única a sê-lo realmente), e pelos califas Abássidas, entre eles Harun al Rashid, que eram árabes, mesmo que tivessem tomado muitas esposas persas. Finalmente, há a escrita: ainda que os persas e os turcos não sejam etnicamente árabes, eles adotaram seu alfabeto. Foi somente em 1928 que Attatürk impôs o alfabeto latino na Turquia, após ter substituído a charia, em 1926, por um código civil. Um último fator é a ignorância: os que não conhecem o Islã identificam, de boa-fé ou por negligência, os árabes com os muçulmanos e vice-versa.

Na verdade, a diversidade dos povos do Islã é muito grande: do Marrocos à Indonésia, da África negra à Ásia Central e à China, da Europa às Américas. Notáveis também são as diferenças étnicas e culturais entre as diversas sociedades que algumas vezes se misturaram ao longo dos séculos.

No Magrebe, por exemplo, a islamização dos berberes cristãos foi muito mais rápida do que sua arabização; inversamente, as comunidades judias que viviam nessa região permaneceram fiéis à sua religião, mas se arabizaram rapidamente. A arabização da população estava praticamente concluída no final do século XIX, tanto na Líbia quanto na Tunísia; porém, no começo do século XXI, ainda restavam na Argélia e no Marrocos, respectivamente, 25% e 35% de habitantes que falavam dialetos berberes (32 milhões e 30 milhões, também respectivamente). Por ocasião da independência, como reação contra a colonização e por ideologia nacionalista, os dirigentes desses países aderiram à Liga dos Estados Árabes e decretaram que o árabe era sua língua nacional. Diante da ameaça que a escolarização intensiva em árabe fazia pesar sobre sua própria cultura, os berberófonos mobilizaram-se para obter o reconhecimento de sua identidade e o ensino nas escolas do *tamazigh* (o principal dialeto berbere). Obtiveram alguns resultados nesse sentido. Os curdos[9] empenharam-se em um combate semelhante, algumas vezes pela força das armas, no Irã, no Iraque, na Síria e sobretudo

---

9. Os curdos são um povo indo-europeu que descende diretamente dos antigos Medas. (N.T.)

na Turquia, em que representam cerca de 20% dos 71,3 milhões de habitantes atuais. A luta armada conduzida por Abdullah Öcalan, de 1984 até sua prisão, em 1999, resultou em 36 mil mortes somente na Turquia. Por fim, em 2002, foi votada uma lei que lhes dá o direito de falar e de ensinar o curdo, que até então era proibido, embora essa autorização ainda esteja submetida a certas limitações.

Por outro lado, em razão de suas tradições pré-islâmicas, nem todos os povos muçulmanos aplicam a charia com o mesmo vigor. Em 1939, o orientalista Louis Massignon classificou os muçulmanos segundo nove grupos étnico-linguísticos: árabes (do Oriente Próximo) e arabizados (egípcios e berberes), iranianos, turcos, hindus, chineses, malaios, somalis, etíopes e sudaneses. Correndo o risco de escandalizar os muçulmanos, muitos especialistas escrevem, a partir de 1970, "os islãs", no plural e com minúscula. Depois disso, o arabizante Vincent-Mansour Monteil, católico francês convertido ao islamismo, adotou em seu livro, *Aux cinq couleurs de l'islam*, uma divisão das populações em áreas culturais que têm uma língua dominante em comum: árabes e berberes (reunidos ao redor do árabe), irano-indianos (em torno do persa ou *farsi*), turcos e turcomanos (centralizados no turco), malaios e indonésios (dependendo do malaio) e negros (com o suaíli considerado como língua comum).

Nesse mosaico, é ainda necessário incluir os muçulmanos que vivem em outros continentes. Nos Estados Unidos, calcula-se que estejam entre cinco a sete milhões em uma população oficial de 294 milhões em 2004. O Islã vem atraindo um número crescente dos 37 milhões de cidadãos negros depois que Elijah Poole (1897-1975) fundou a "Nação do Islã", logo depois da Segunda Guerra Mundial. Convertido ao islamismo e adotando o nome de Elijah Muhammad, esse antigo pastor batista lançou um apelo a seus irmãos negros para que afirmassem sua identidade perante os brancos e para que o imitassem na conversão e na substituição dos sobrenomes anglo-saxões que haviam recebido quando foram trazidos da África como escravos, a partir do século XVI, por nomes muçulmanos ou pela letra X. Seu apelo foi seguido, entre muitos outros, pelo boxeador Cassius Clay, transformado em Muhammad Ali, e por Malcolm Little, que adotou o nome Malcom X (1925-1965). Figura de proa do movimento dos Black Muslims [Muçulmanos Negros], este último foi assassinado por um membro de um grupo rival, e Louis Farakhan, nascido em 1933, assumiu o comando, enquanto se agravavam os conflitos raciais. Organizador, em outubro de 1995, da "Marcha de um Milhão de Homens", ele defendia um discurso radical antibrancos e antijudeus e exigia a formação de "um estado separado para os negros". Contudo, não se deve confundir com seu partido a maioria silenciosa dos negros americanos, nem tampouco dos muçulmanos imigrados (palestinos, iranianos, egípcios, magrebinos etc.) que praticam sua religião pacificamente, mas que passaram a ser encarados com suspeita após o 11 de setembro de 2001.

As crises do Império Otomano no século XIX e no começo do século XX provocaram importantes migrações. Os árabes do Oriente Próximo, principalmente libaneses e sírios, tanto cristãos quanto muçulmanos, partiram em grande número para a América Latina, onde eram chamados de "turcos". Eles se hispanizaram e, de modo geral, alcançaram bastante sucesso nessas sociedades, conforme atesta (após sua discreta conversão ao catolicismo) a eleição de Carlos Menem à presidência da Argentina em 1989.

Colonizações, conflitos variados, regimes ditatoriais, crises econômicas, desemprego, pressão dos islamitas em seguimento à fundação no Egito da confraria dos Irmãos Muçulmanos, em 1928, provocaram igualmente a partida de milhões de muçulmanos para a Europa, os Estados Unidos, o Canadá e a Austrália. Dois exemplos: durante a guerra de 1914-1918, a França "importou" os primeiros trabalhadores argelinos que permaneceram como imigrantes (cerca de noventa mil) a fim de substituir nas fábricas os operários franceses que haviam sido enviados para as frentes de batalha. Mais perto de nós, estima-se que quatro milhões de iranianos, sobretudo funcionários públicos com formação ocidental e suas famílias, exilaram-se no Ocidente, desde que a proclamação da república islâmica, em fevereiro de 1979, demonstrou-se inelutável.

Hoje em dia, nos Bálcãs (especialmente na Bulgária e nos países resultantes da antiga Iugoslávia, em particular a Bósnia-Herzegovina), os muçulmanos são em parte descendentes de turcos, mas em sua maioria de eslavos convertidos ao islamismo durante a sua dominação. Dentre os albaneses, que não são eslavos, mas originários da antiga Ilíria (Dalmácia), 70% são muçulmanos. Na Europa, de 25 países e 450 milhões de habitantes, estima-se o número de muçulmanos entre dezoito e vinte milhões, na sua maioria imigrados e frequentemente naturalizados ou ainda turcos radicados em territórios balcânicos desde a época otomana, sobretudo na Bulgária, onde existe mais de um milhão deles. Indivíduos puramente europeus também se converteram, e seu número é bastante difícil de calcular. Somente na França, as estimativas vão de cinquenta mil a duzentos mil. Apesar da propaganda de alguns grupos islamitas que tentam popularizar dois lemas, "O Islã é a solução" e "O Islã é minha pátria", estamos assistindo ao nascimento daquilo que vem sendo chamado de "um Islã à europeia", praticado discretamente pela maioria silenciosa, embora os jovens da terceira geração de imigrantes optem por um Islã militante.

Depois do 11 de setembro, os serviços de segurança identificaram pequenas redes terroristas organizadas pelos partidários de Bin Laden, entre os quais, militantes do GIA argelino, na França e em outros países da Europa, particularmente no Reino Unido, na Alemanha, na Itália e também nos Estados Unidos. Inicialmente, essa descoberta provocou em parte das populações dos países acolhedores um olhar desafiador e inclusive uma atitude hostil com relação aos árabes e aos muçulmanos, em especial os que tinham aspecto de paquistaneses ou de afegãos. Em um segundo momento, foram sendo tomadas medidas na Europa para assegurar uma melhor integração dos cidadãos de confissão muçulmana, a fim de consolidar esse "Islã à europeia", o que vem acontecendo até certo ponto, apesar das dificuldades e, em muitos casos, de verdadeiras derrotas. Um testemunho dessa desconfiança, por exemplo, é a oposição manifestada por uma importante parte das opiniões públicas de vários países da União Europeia, hostis ao ingresso da Turquia, ao contrário de seus governos, que são favoráveis a essa adesão por razões geopolíticas. Todavia, é necessário favorecer o diálogo entre as culturas e as civilizações para que umas obtenham melhores conhecimentos sobre as outras. Essa filosofia é incontestavelmente preferível à teoria do "choque de civilizações".

Esposas e concubinas de Maomé:

Esposas:
595 – Khadidja;
619 – Sawda Bint ("filha de") Zamaa;
619 – Aisha Bint Abu Báker, chamada "a bem-amada", filha do que seria futuramente o primeiro califa;
625 – Hafsa Bint Omar, filha do futuro segundo califa;
626 – Zainab Bint Khuzaima, que morreu quatro meses após o casamento;
626 – Hind Bint Abu Umaya;
626 – Zainab Bint Jahsh;
626 – Juwairiya Bint Al-Harith;
627 – Safiya Bint Huayy;
628 – Ramla Bint Abu Sufiyan;
629 – Maimuna Bint Al-Harith.

Concubinas:
629? – a judia Raihana Bint Zaid;
630 – a copta Maria, a única que chegou a lhe dar um filho, chamado Ibrahim, que morreu em tenra idade.

"O LUGAR DA MULHER É EM CASA?"

> *Os homens têm autoridade sobre as mulheres. [...]*
> *Admoestai aquelas que temeis que vos poderão vir a ser*
> *infiéis; prendei-as nas peças internas da casa e batei nelas.*
> *Mas não procureis motivos para brigas*
> *quando elas vos obedecerem.*
> Alcorão, "As mulheres" (Surata IV, versículo 34)

A quarta surata foi de revelação tardia (cronologicamente, seria a de número 92), em uma época em que Maomé tinha dez esposas e duas concubinas. De fato, ele permaneceu monógamo durante quase um quarto de século, até a morte de Khadidja, no ano de 619, embora ela só lhe tenha dado filhas. Muitas dessas uniões foram celebradas mais para selar alianças com outras tribos, conforme explica Magali Morsy em seu livro *Les femmes du prophète*, ao mesmo tempo em que destaca que várias delas eram dotadas de personalidades bastante fortes. Aliás, foi Aisha quem assumiu o comando dos combatentes contra o califa Ali, em 636, na denominada "Batalha do Camelo", em lembrança do animal montado por ela.

Hoje em dia, as feministas invocam esse precedente para sustentar que as mulheres também podem ser combatentes, até mesmo militares, ou para criticar os sauditas que lhes proíbem dirigir automóveis. Os talibãs afegãos, que as confinavam em casa e proibiam as meninas de frequentar escolas, foram derrubados no final de 2001. No Irã, algumas mulheres tomaram armas durante a guerra contra o Iraque (1980-1988). Na Líbia, o coronel Khaddafi fundou uma academia militar feminina, e, em várias tribos iemenitas ou saarianas, as mulheres são excelentes amazonas e sabem disparar fuzis enquanto estão montadas.

Os preceitos do Alcorão são demarcados por estruturas sociais pré-islâmicas. Consideradas como um bem familiar ou tribal, as mulheres tinham como função primordial a gestação de filhos, de preferência meninos, que eram a força da família patriarcal. Disso derivava a importância da virgindade das donzelas e da fidelidade das esposas, garantia da pureza do sangue e da honra do clã. Certamente houve mulheres guerreiras, poetisas ilustres e ricas mercadoras, como a própria Khadidja, mas os homens não gostam de falar nesse assunto. As meninas eram consideradas como bocas a alimentar; acontecia que fossem mortas ao nascer ou mesmo que fossem enterradas vivas em épocas de penúria – práticas que o Alcorão condenou firmemente. Como acontecia também entre os judeus e os cristãos, as meninas e jovens achavam-se sob a tutela de seus pais ou de seus irmãos e passavam a ser governadas pelo marido após o casamento. Na *sunna* encontram-se *hadiths** como, por exemplo, "A mulher é vaidosa, fútil e ávida por enfeites" ou "A melhor das mulheres do mundo foi Maria. A melhor de minha comunidade é Khadidja".

Não obstante, mesmo as feministas muçulmanas consideram que o Alcorão representou um progresso com relação às religiões anteriores, porque determina uma posição social e direitos para as mulheres, além de proclamar sua igualdade com os homens no sentido de que ambos são criaturas de Deus. Se na vida os homens têm predominância sobre elas, isto ocorre "por causa das despesas em que incorrem para assegurar-lhes o sustento" (Surata IV, versículo 34). Uma inovação para a época é que o Alcorão previa a herança para as filhas, no momento em que ordena "dar ao rapaz uma parte igual àquela que for dada a cada duas filhas" (Surata IV, versículo 11). E mesmo isso é justificado, porque é o homem que terá a seu cargo o sustento de sua própria família. Hoje em dia, na medida em que um número crescente de mulheres trabalha fora de casa e é capaz de prover suas próprias necessidades, elas reclamam, particularmente na Tunísia, o direito de igualdade na partilha da herança.

O Alcorão impõe também ao futuro esposo que entregue à sua noiva um patrimônio (um dote), enquanto a mulher conservará o direito da livre disposição e gestão de seus bens. Por outro lado, embora não haja uma regra absoluta para a poligamia, o Alcorão a limita a quatro esposas; mais ainda, trata-se de uma tolerância, e não de um direito: "Podeis desposar, conforme vos agrade, duas, três ou quatro mulheres; porém, se temeis não poder tratar a todas com igualdade, então vos devereis limitar a tomar uma única mulher" (Surata IV, versículo 3). Tratar com igualdade consiste em tratar a todas e a cada uma delas da mesma maneira em todos os planos: alojamento, sustento, presentes, afeição, porque a lei determina que o esposo deve a cada uma de suas mulheres "o mesmo número de dias e o mesmo número de noites". Foi com base nesse versículo que o presidente Habib Bourguiba decretou a monogamia na Tunísia em 1956. No entanto, contrariamente a outra "ideia preconcebida", nem todos os muçulmanos são polígamos, e, em certos países, o número dos que adotam a poligamia é muito restrito. Seja por amor da esposa, seja por não dispor dos meios materiais suficientes, a maioria se contenta com uma única esposa, salvo quando a repudia a fim de tomar uma outra.

Para o Islã, o matrimônio não é um sacramento como para os cristãos, mas apenas um contrato. O marido tem o privilégio de poder repudiar sua esposa. Se ele pronunciar três vezes consecutivas a fórmula "Eu te repudio", ele não poderá retomá-la, a não ser que ela se tenha casado de novo e se divorciado. No ato do casamento, a futura esposa pode (desde que saiba que tem esse direito) fazer figurar no contrato um certo número de cláusulas, inclusive a da monogamia; se o marido as quebrar, ela passa a ter o direito de exigir o divórcio e compensações ou indenizações. Tais prescrições foram efetivamente aplicadas, com maior ou menor rigor, de acordo com o lugar e com a época.

A partir do século XIX, conservadores e modernistas vêm se opondo com relação aos direitos e deveres femininos, particularmente no que se refere ao uso do véu, à poligamia, ao repúdio e à sua posição social. Desde o começo desse século, foram abertas escolas para meninas e moças na Turquia, depois no Líbano (1839) e no Egito (1876). O Iraque, o Irã e a África do Norte seguiram esse exemplo um pouco mais tarde, enquanto na Índia o ensino superior admite muçulmanas desde o começo do século XX. Hoje em dia, as meninas são escolarizadas na maior parte dos países do Islã. Embora sejam bem menos numerosas do que os meninos, elas obtêm proporcionalmente os melhores rendimentos escolares. Em 2005, mais de 60% dos alunos das universidades iranianas eram do sexo feminino; em outros países, como a Argélia e a Tunísia, elas também ultrapassaram os 50% do corpo discente.

O combate também foi travado pelos intelectuais. Na Índia, Mumtaz Ali publicou *Women's Rights in Islam*, em 1898, seguido no Egito por Qasin Amin, autor de *Tahrir al Mara'a* [*Libertação da mulher*], publicado em 1899, e de *Al Mara'a al Jadida* [*A mulher moderna*], publicado em 1900. Em 1913, o egípcio Mansur Fahmy defendeu uma tese na Sorbonne, intitulada "A condição da mulher no Islã", na qual analisava a situação pré-islâmica, comparava os dois períodos da vida conjugal de Maomé e depois salientava as contradições entre o Alcorão, de um lado, e a *sunna* e a jurisprudência, muito mais estritas, do outro. Escândalo! Seu nome foi riscado dos registros da universidade egípcia!

Paralelamente, militantes emergem para mobilizar os crentes. Uma das primeiras foi a egípcia Hoda Chaarawi, nacionalista e feminista, que, na década de 1930, reuniu no Cairo milhares de mulheres que arrancaram seus véus publicamente. Ela encontrou seguidoras até o final do século. Enquanto Benazir Bhutto era a primeira-ministra do Paquistão, Khaleda Zia, em Bangladesh (onde a oposição era igualmente chefiada por uma mulher, Hassina

Wajed) e Tansu Ciller, na Turquia, a marroquina Fátima Mernissi publicou um livro intitulado *Sultanes oubliées – femmes chefs d'État en Islam*, consagrado a todas as mulheres que, no passado, haviam estado à testa da *ummá*, muitas vezes brilhantemente, em contradição a este *hadith* de Maomé: "Nenhuma nação dirigida por uma mulher jamais triunfou".

Essa emancipação progressiva, sustentada por um número crescente de mulheres que se tornaram escritoras, jornalistas, cineastas, artistas e ilustrada por outras engajadas na política e na vida profissional, provocou as diatribes de religiosos conservadores e de movimentos islamitas que tiveram sucesso em mobilizar muitas crentes muçulmanas contra ela. Elas reprovaram a atitude de suas irmãs emancipadas e pregaram um retorno estrito às tradições. Entretanto, como veremos mais adiante, no Irã e em outros países, muitas mulheres fizeram do uso dos véus como alavanca para suas reivindicações de maior participação na vida política, social e profissional. De forma semelhante, muitas associações feministas foram constituídas para lutar contra a violência conjugal e – embora essa parte do combate seja bem mais difícil – para obter a igualdade com os homens. E tais organizações conseguiram marcar alguns pontos. Em 2003, a iraniana Shirin Ebadi, jurista e militante pelos direitos civis, foi a primeira muçulmana a receber um Prêmio Nobel (o da paz). No Marrocos, o Mudawana, o novo código civil para reger as relações de família, proposto pelo rei Mohamed VI e adotado a 13 de outubro de 2004, instaurou a igualdade entre homens e mulheres, modificou a idade legal para contrair matrimônio dos 15 para os 18 anos e restringiu a poligamia de forma draconiana. Finalmente, seguindo o exemplo de Bahrein, Qatar e Oman, a 16 de maio de 2005, o Kuwait aprovou uma lei permitindo que as mulheres se tornassem eleitoras e elegíveis para cargos públicos – e uma de suas cidadãs já foi nomeada para integrar o ministério.

"O Alcorão obriga a mulher a usar véu?"

*Dizei às crentes: [...] podeis abaixar vossos véus
e usá-los pendurados ao peito [...].
Não existe qualquer falta que possa ser reprovada às mulheres
que não podem ter mais filhos e que não podem mais se casar
que desejarem depor seus véus.*
Alcorão (Surata XXIV, versículos 31 e 60)

Uma vez que é particularmente visível e apresenta um valor simbólico, o véu deu origem a uma "ideia preconcebida" profundamente tenaz. Mas o uso do véu está ligado exclusivamente ao Islã? Ele é imposto ou simplesmente recomendado pelo Alcorão? Trata-se de um grande pano negro ou branco que recobre a mulher dos pés à cabeça ou é um simples lenço mais ou menos grande, destinado simplesmente a esconder-lhe os cabelos?

Isso se deve ao fato de que as mulheres, tanto para os muçulmanos quanto para os judeus e cristãos, são consideradas sedutoras que utilizam seus encantos e seus adornos para tentar os homens, estando a cabeleira – que pode ser vista como diabólica – entre eles.

O orientalista Maxime Rodinson observa que a questão do véu já existia dois mil anos antes de Jesus Cristo. Um texto assírio declarava-o como sendo um traço característico das mulheres honradas. Somente as prostitutas – mesmo entre estas, apenas as mais pobres – deixavam os cabelos soltos ao vento. São Paulo e vários Pais da Igreja, entre eles Tertuliano, autor do tratado *De virginis velandi* (A respeito do véu das virgens), recomendavam às cristãs que usassem véus sobre os cabelos. Seu uso era muito difundido ao redor do Mediterrâneo e, até a década de 1960, nos países latinos, nos Bálcãs e na Grécia, as camponesas e as moradoras dos bairros pobres das cidades tinham o costume de prender os cabelos por baixo de um lenço negro.

Vamos retornar ao Islã. Em Medina, Maomé descobriu que os homens, menos respeitosos que os moradores de Meca, importunavam frequentemente as mulheres, incluindo suas próprias esposas. Foi nesse contexto que ele teve as revelações sobre o uso do véu, contidas em *A luz* (Surata XXIV, versículos 31 e 60) e em *As mulheres* (Surata XXXIII, versículos 53, 55 e 59). Vamos citar o último versículo: "Ó Profeta, diz a tuas esposas, a tuas filhas e às mulheres dos crentes que se cubram com seus véus. Este é para elas o melhor meio de serem reconhecidas e de não serem ofendidas". Uma vez que põem em dúvida a origem divina dessa revelação, os descrentes chamaram a atenção para o caráter circunstancial desses textos e para as contradições que existem de uma fonte para outra. Os teólogos responderam que Deus conhece a Sua comunidade e toma em consideração a sua evolução quando lhe dita Seus preceitos.

Os reformadores responderam que, já que é assim, convém reinterpretar certos versículos a fim de adaptá-los às mudanças sociais que vieram depois. Manifestaram ainda que o Alcorão declara explicitamente o que é obrigatório e o que é formalmente proibido e que prevê, em ambos os casos, punição para aqueles que não cumprem ou que contrariam essas determinações, como, por exemplo, o açoitamento como castigo para o adultério. Esse texto, bem ao contrário, do mesmo modo que em outros versículos semelhantes, apresenta uma recomendação que não é acompanhada por qualquer punição. Em sua obra *Mra'atuna fi al-Srari'ah Wa-al-mujtama* [*Nossa mulher: a legislação islâmica e a sociedade*], publicada em 1930, favorável à emancipação feminina, o tunisino Tahar Haddad escreveu: "Se o uso do véu tivesse sido formalmente ordenado e apoiado pelo próprio Profeta, não teria dado margem ao surgimento de controvérsias entre os primeiros jurisconsultos do Islã, uma vez que entre estes havia alguns que tinham sido companheiros do Profeta ou contemporâneos dos que o haviam sido". O fato é que o versículo 31, citado na epígrafe desta seção, refere-se mais a cobrir os decotes que permitiam ver o peito e não aos cabelos. Na Tunísia, o estatuto da mulher, promulgado em 1956, durante o governo de Bourguiba, em vigor até hoje, serve como referência para as feministas árabes.

De forma geral, até o início do século XX, as mulheres usavam o grande véu denominado *melaya* no Oriente Próximo, *tchador* [xador]* no Irã, *tchadri* no Paquistão, *haik* na Argélia etc. Este deixa o rosto descoberto, mas é comum que as mulheres muçulmanas acrescentem-lhe um pequeno véu para esconder o nariz e a boca. Na Arábia Saudita, o véu deve recobrir totalmente a figura humana; nos emirados do Golfo Pérsico, até a década de 1960, as muçulmanas eram forçadas a usar uma máscara de couro extremamente desconfortável. Não obstante, nas áreas rurais de certos países, particularmente o Irã, a Turquia e a Argélia (sobretudo na região de Cabília), as mulheres que trabalham nos campos não andam veladas. O mesmo ocorre com as beduínas do Iêmen, que andam a cavalo, atiravam com arco e flecha (hoje em dia o fazem com fuzis) e escolhem seus futuros esposos após os terem feito passar por diversas provas a fim de julgar se são dignos delas! Mas ainda hoje, em um grande número de países, as burguesas vestidas à europeia devem esconder os cabelos e o pescoço sob um lenço denominado *hijab*.*

Attatürk foi o primeiro governante muçulmano a substituir a lei islâmica por um código civil e a proclamar o estado secular leigo. As consequências foram consideráveis: a abolição dos tribunais religiosos, do ensino corânico tradicional, dos haréns, da poligamia, do uso do véu, da desigualdade na divisão da herança e do repúdio das esposas, consideradas a partir de então eleitoras e elegíveis para os cargos públicos. Apesar de uma onda crescente de islamização a partir da década de 1990, tais progressos foram conservados, ainda que, hoje em dia, seja possível ver novamente mulheres nas ruas usando um *hijab* ou então um simples lenço cobrindo os cabelos e preso sob o queixo por um nó. Sem ir tão longe, a dinastia dos Pahlavis (1925-1979) havia iniciado reformas no Irã que conduziam na mesma direção, mas foram abandonadas pela revolução islâmica de 1979.

Contudo, Faezeh Hashemi, filha do ex-presidente Rafsandjani e vice-presidente do Comitê Olímpico Iraniano, criou, em 1991, uma associação internacional de atletas femininas muçulmanas. Em seu próprio país, ela deu ao esporte feminino um impulso sem precedentes: no final de 1996, metade das cidades iranianas possuíam piscinas em recintos fechados para uso exclusivo de meninas e moças e, nos quatro anos que se seguiram, ela mandou abrir outras 1.400. A partir de 2001, o número de novas construções foi limitado, criando-se novas piscinas somente onde se demonstrasse necessário. É evidente que, considerando-se que as mulheres não foram dispensadas do uso do xador, certas disciplinas olímpicas, como a própria natação, lhes são proibidas em público, mas desde aquela época ela não excluiu a possibilidade de que as mentalidades pudessem evoluir. Ela então nos declarou: "O esporte dá às mulheres confiança em si mesmas e contribui para fazer desabrochar suas potencialidades. Ele as ajuda a elevar sua posição na sociedade". Condenada pelos tradicionalistas ofendidos por seu ativismo, isso não impediu que prosseguisse em sua obra. As iranianas são hoje o motor da luta contra o fundamentalismo.

No começo do século XXI, há grandes contrastes na situação que existe de um país para outro e igualmente de uma camada social para outra. Podemos acrescentar que não faltam paradoxos. Deste modo, desde 1979, a mídia ocidental vem considerando o xador iraniano (que permite ver o rosto) como símbolo da limitação dos direitos femininos e da alienação das mulheres. Todavia, era bem melhor para uma mulher – o que permanece válido até hoje – viver no Irã do que na Arábia Saudita. As iranianas têm direito a votar e a ser votadas, podem sair sozinhas de casa e dirigir automóveis ou outros veículos (em Teerã, o número de mulheres taxistas é impressionante, ainda que continuem a usar um simples *hijab*). Além disso, elas se estão tornando cada vez mais numerosas nas repartições públicas, no magistério, nas profissões liberais e até mesmo na polícia. Inversamente, a mulher saudita não vota (de fato, os homens sauditas tampouco votavam até 2005!), não tem direito nem de dirigir veículos nem de deixar seu rosto descoberto e sempre que sai às ruas deve estar acompanhada por um homem de sua família (preferivelmente pai, irmãos, marido ou tios). Não tem direito a trabalhar, salvo raras exceções, em estabelecimentos exclusivamente femininos. Existem escolas, hospitais e bancos em que apenas mulheres atendem a mulheres (destes últimos, alguns são particularmente prósperos). Não obstante, no esquema de uma democratização tímida, muitas restrições ao trabalho feminino foram suspensas a partir de 2004; hoje em dia, por exemplo, uma mulher pode abrir uma empresa em seu próprio nome sem depender de um *wakil* (mandatário, ou seja, um parente do sexo masculino em nome de quem o negócio é registrado).

O recorde da intolerância foi atingido pelos talibãs (que não chegavam bem a vinte mil), isto é, os "estudantes de teologia", que mantiveram o poder no Afeganistão de 1996 a 2001. Eles proibiam as mulheres de estudar, de trabalhar e até de sair às ruas, interditos contrários aos princípios do Alcorão. A primeira vez, em toda a história do país, em que os afegãos votaram foi por ocasião da eleição do presidente Hamid Karzai, a 9 de outubro de 2004. Os talibãs beneficiavam-se do apoio financeiro da Arábia que, aliás, é (clandestinamente) um dos maiores importadores de filmes pornográficos em formato DVD. Com a exceção de alguns intelectuais mais corajosos e daquele grupo que foi chamado de "novos pensadores do

Islã", que denunciam as distorções dos costumes com o apoio dos textos antigos, as autoridades religiosas observam um silêncio prudente do qual não se sabe dizer se é reprovador, aprovador ou apenas indiferente.

Na Europa, os movimentos islamitas vêm tentando fazer com que as filhas dos trabalhadores imigrados ou as jovens convertidas passem a usar o *hijab*. Algumas vezes recorrem à persuasão, porém com maior frequência exercem pressão sobre os pais ou sobre os interessados, fazendo-os crer que o Alcorão ameaça com o inferno (uma afirmação completamente falsa, como vimos antes) as mulheres que andarem sem véus. Foi no retorno às aulas para o ano letivo de 1989-1990 que "a questão do lenço" explodiu na França, quando duas jovens muçulmanas foram expulsas da escola de ensino médio de Creil. De fato, nessa época, cerca de um milhão de jovens usavam o *hijab* em um total de quase trezentas mil meninas e jovens muçulmanas matriculadas nas escolas de ensino fundamental e médio na França. Uma circular do Ministério da Educação havia então proibido "sinais religiosos ostensivos", entre estes os quipás (solidéus) dos judeus, as grandes cruzes penduradas ao pescoço e os véus. A lei das escolas leigas foi votada em 2004. Ela determina que, em caso de litígio com os alunos que se recusarem a respeitá-la, o "procedimento disciplinar", isto é, a expulsão, deve ser precedido por uma fase de diálogo em que deverão ser incluídos os professores, as famílias e as comunidades religiosas locais. No retorno às aulas de 2004, ocorreram apenas 47 expulsões em todo o território nacional, tendo todos os demais casos de jovens veladas sido resolvidos por meio de compromissos.

"A PRÁTICA DA RELIGIÃO MUÇULMANA É RESTRITIVA?"

Não deve haver qualquer restrição em questões religiosas.
Alcorão (Surata II, versículo 256)

A prática da religião muçulmana é mais restritiva que as do judaísmo e do cristianismo? Esta é uma questão a ser discutida. O ritual a que se deve submeter um judeu ortodoxo é complexo e, sem a menor dúvida, mais restritivo que o do islamismo. Para escolher apenas um exemplo, o cumprimento estrito das regras de santificação do sábado, dia de repouso, impõe não acender fogo e, por extensão, não ligar a eletricidade; portanto, não se pode cozinhar, não se pode conduzir um veículo e não se pode sequer tomar um veículo coletivo, porque o crente, nesse dia, não só não deve trabalhar, como também não pode impor aos outros que trabalhem para ele. Antigamente, a Igreja Católica (embora sem justificação dos Evangelhos) obrigava o bom cristão leigo a rezar cinco vezes por dia, e os religiosos, oito. Eram as horas canônicas: matinas, laudes, primas, terças, sextas, nonas, vésperas e completas. Para os católico-romanos (mas não para os protestantes ou ortodoxos), o divórcio ainda é proibido, e o celibato clerical, imposto aos padres. O Concílio Vaticano II aliviou certas restrições, como, por exemplo, o jejum da quaresma.

No que se refere ao Islã, o dogma é simples. Todo muçulmano deve crer em um único deus e venerar uma cadeia de cerca de trinta profetas, os anunciadores da Palavra Divina através das épocas, cuja lista foi definitivamente encerrada com a chegada de Maomé. Os principais são Adão, Abraão (Ibrahim), Moisés (*Mussa*), seu irmão Aarão (*Harun*), David (*Daud*), Salomão (*Soliman* ou *Suleiman*), Ismael (*Ismail*), José (*Yussef*), João (*Hanna*) e Jesus (*Issa*). Também se espera que o bom muçulmano acredite na existência dos "anjos" – criaturas de luz do mundo celestial que possuem asas, porém são destituídas de sexo –, dentre os quais, os principais são Gabriel (*Djibril*), Miguel (*Mihail*) e Azrael (*Azrail*), o anjo da morte, além de Satã (*Sheitan*), decaído de sua dignidade por haver desobedecido a Alá. Finalmente, deve crer no Julgamento (Juízo) Final (Surata XXVIII, versículos 62 a 68), em que todas as criaturas comparecerão nuas diante de Alá, que enviará os justos para o Paraíso (*Janna* ou *Janá*, "o Jardim") e os pecadores para o Inferno (*Nahr*, "o Fogo").

A charia, a "lei islâmica" (ver a seguir), prescreve ao crente o que ele deve fazer ou deixar de fazer para ser um bom muçulmano. Ela está fundamentada no Alcorão, sobre a tradição de Maomé, a *sunna* ou suna, composta por *hadiths*, relatos breves que recordam suas palavras ou suas ações, e ainda sobre o *fiqh*, o direito muçulmano, elaborado ao longo dos anos pelos *fuqah* (singular, *faqih*), juristas que interpretam a forma segundo a qual convém aplicar a lei na prática diária. Como exemplo, no caso do adultério, sob condição de que seja confirmado por quatro testemunhas visuais, o Alcorão determina: "Açoitai o libertino e a libertina com cem golpes de chicote em cada um" (Surata XXIV, versículo 2) e: "Açoitai com 24 chibatadas aqueles que acusarem mulheres honestas, sem que possam apresentar quatro testemunhas em seu favor" (Surata XXIV, versículo 4). Juristas mais severos do que o Alcorão recomendaram o apedrejamento, mas apenas para a mulher, conforme a tradição hebraica. Essa punição ainda é praticada na Arábia Saudita e, algumas vezes, também no Irã, mesmo que não se apresentem quatro testemunhas oculares; portanto, trata-se de um fato social, e não de uma injunção corânica.[10]

O Islã impõe ainda a todo muçulmano, a partir do momento em que atinge a puberdade, cinco obrigações, denominadas "os cinco pilares" (*arkan*):

1. a profissão de fé ou *chahadá* (testemunho): "Não há Deus senão Alá, e Maomé é o Mensageiro de Deus" (*Allah ill'allah ill'ahah, Mohammed rasul Allah*);

2. a prece ou *salat*, que deve ser precedida de abluções rituais e realizada cinco vezes por dia: na aurora, ao meio-dia, no meio da tarde, ao pôr do sol e à noite, antes de dormir. Recomenda-se rezar na mesquita ou *masjid* às sextas-feiras, que são o Dia do Senhor;

3. a esmola obrigatória, *zakat*, paga pelos ricos para ser dividida entre os pobres, e a *sadaqa*, esmola espontânea, que é apenas recomendada;

4. o jejum ou *saum* do Ramadã*, o nono mês do ano muçulmano, contado a partir da hégira e calculado de acordo com o calendário lunar; durante esse mês, da aurora ao nascer do sol, é proibido comer ou beber, manter relações sexuais ou fumar [mas não à noite]. São isentos os doentes, as mulheres grávidas e os viajantes, embora se espere que estes recuperem ulteriormente os dias de jejum perdidos;

5. a peregrinação ou *hajj*: todo muçulmano que tiver condições físicas e financeiras deve peregrinar até Meca, pelo menos uma vez na vida, entre os dias 7 e 13 do mês *Dhu al Hijra*, o 12º e último a partir da hégira.

---

10. Isto é justificado, por paradoxal que pareça, pelo fato de que o apedrejamento pode ser mais humano do que o açoitamento por cem chibatadas. Se a vítima perder logo os sentidos, não sentirá as pedras que lhe provocarão a morte dentro de pouco tempo, enquanto é praticamente impossível sobreviver a cem chibatadas, com a diferença de que a agonia pode levar dias. A Bíblia judeu-cristã prevê um castigo máximo de "quarenta chicotadas menos uma". (N.T.)

Em princípio, não existe um clero muçulmano no Islã, contrariamente às igrejas cristãs ou ao judaísmo, porque a religião é uma questão inteiramente entre o homem e Deus. Não obstante, o imã*, ou "aquele que segue na frente" e dirige as preces nas mesquitas, vem sendo educado há séculos para exercer essa função nas escolas religiosas árabes (*madrassás*) e vem assumindo uma importância cada vez maior, assim como o *fuqih*, que indica aos fiéis a forma como devem crer, rezar e praticar sua religião. Nos movimentos radicais do Islã, como no GIA, o *amir* ou *emir* é ao mesmo tempo um chefe religioso e militar. Um *hadith* proclama: "A prece realizada em uma assembleia é 25 vezes superior àquela feita isoladamente".

Há também outras exigências. Entre os muçulmanos, a pureza corporal é um imperativo absoluto e, como diz um ditado popular, "A limpeza faz parte da fé". Em um estudo que acabou por se tornar um clássico, *A sexualidade no Islã*, Abdelwahab Bouhdiba refere-se à "obsessão da purificação". O fato é que 36 versículos do Alcorão e vários *hadith* são consagrados à pureza e à purificação; quanto aos jurisconsultos, eles apresentam tal riqueza de detalhes sobre a forma de purificar as secreções que sujam o corpo e sobre a maneira de proceder às abluções que alguns orientalistas ocidentais mais puritanos deram-se ao trabalho de traduzir em latim algumas das passagens mais explícitas, ao invés do vernáculo (língua corrente) em que redigiam o restante de suas traduções...

Todas as mães ensinam a seus filhos como fazer suas abluções antes de iniciar as cinco preces diárias. Que se deve fazer quando não houver água? "Escolhei areia limpa, que passareis sobre o rosto e sobre as mãos" (Surata IV, versículo 43). O Alcorão esclarece ainda: "Devereis manter separadas as mulheres durante sua menstruação; não vos aproximeis delas enquanto não se tiverem purificado" (Surata II, versículo 232).[11]

Finalmente, contrariando uma "ideia preconcebida", segundo a qual o Islã conduz ao fatalismo e à preguiça, trata-se de uma religião que recomenda o esforço: esforço durante as preces, que devem ser recitadas pelo fiel consecutivamente em pé, inclinado, de joelhos, prosternado e tocando o solo com a cabeça, agachado e novamente em pé; esforço do jejum; esforço da peregrinação; esforço da solidariedade com relação aos que possuem menos meios econômicos etc. Isso não impede que muitos muçulmanos sejam realmente fatalistas em sua vida diária, dizendo constantemente: "É a vontade de Alá".

Ao mesmo tempo em que a descrença difunde-se através do mundo e que as sociedades tornam-se progressivamente mais leigas, o muçulmano está persuadido de que, ao orar em grupo e em público e ao observar com ostentação o jejum do Ramadã, ele está proclamando que pertence à *ummá* e testemunhando sua fé e sua submissão a Deus. Todavia, vem crescendo entre eles, assim como entre os não muçulmanos, o sentimento de que a prática do Islã é restritiva.

---

11. Recomendações semelhantes encontram-se na Bíblia, que se refere à menstruação como "imundície". (N.T.)

"Os muçulmanos degolam animais?"

Os muçulmanos fazem sofrer os animais quando os degolam.
Brigitte Bardot

É inegável que os muçulmanos degolam animais de modo que todo o seu sangue seja derramado a fim de obterem uma carne *halal**, isto é, "permitida". Mas os judeus fazem o mesmo, e as regras para a obtenção de carne kosher são ainda mais exigentes. Sendo assim, por que esta "ideia preconcebida" é manifestada principalmente com relação ao Islã? Antes de responder, recordemos que, nas duas religiões do Livro, os animais são criaturas de Deus e possuem alma; o homem, portanto, não pode matá-los senão com autorização divina e somente por necessidade: para se alimentar ou para se defender. Desse modo, o abate de um animal para nutrição apenas pode ser realizado de forma ritual, segundo as regras que definem o puro e o impuro, aquilo que pode ser consumido e aquilo que não pode. A degola é recomendada precisamente para que a vítima seja esvaziada de seu sangue, portador de germes, impuro e ilícito. Os dois Livros indicam detalhadamente a maneira como isso deve ser feito (sobretudo que a faca deva ser bem afiada) para reduzir o sofrimento da vítima. Recordemos a esse respeito que, no que se refere às restrições alimentares, o Islã está mais próximo do judaísmo (ainda mais estrito) que do cristianismo. A verdade é que Jesus aboliu os tabus alimentares ao liberar a nutrição e a bebida do jugo da lei, especialmente por ocasião da Última Ceia, em que ele transformou o vinho no símbolo do sangue. A partir de então, este não é mais impuro e ilícito, como entre os judeus e também para os muçulmanos.

Muitos versículos do Alcorão tratam das prescrições alimentares. Vamos citar alguns: "Eis o que vos será proibido: os animais encontrados mortos, o sangue, a carne de porco, os animais sacrificados a outro deus que não seja Alá, os animais sufocados ou mortos por uma pancada, ou mortos em uma queda ou por chifradas ou aqueles derrubados pelas feras – salvo quando houve tempo para a degola e o derramamento de seu sangue – ou aqueles que foram imolados sobre pedras"[12] (Surata V, versículo 3). São igualmente proibidos os animais carnívoros (lobo, leão, leopardo), os animais domésticos (cão e gato), assim como o burro, a mula e o cavalo, estes últimos devido à crença bastante difundida de que os homens acabam por se assemelhar àquilo que comem. A Surata intitulada "A mesa está posta" ainda ensina segundo um espírito de cordialidade para com judeus e cristãos: "O alimento daqueles a quem foi dado o Livro vos é permitido", mas as decisões dos jurisconsultos apresentam uma série de reservas a esse respeito.

O Consistório Israelita, constituído em 1808, é a instituição representativa dos judeus franceses (cerca de seiscentos mil em 2004). Desde então, apesar de algumas controvérsias, ele mantém o monopólio da atribuição do título kosher aos açougues judeus. Seus controles são muito estritos e inspiram confiança a todos, de tal modo que, em 2002, no IV Congresso Eurokasher, realizado em Paris, descobriu-se que 60% dos consumidores de produtos kosher eram não judeus, principalmente muçulmanos.

Para os quase cinco milhões de muçulmanos, a situação era mais complexa, porque eles não tinham um representante único. Em 1994, na busca de uma espécie de unificação, o Estado Francês conferiu à Grande Mesquita de Paris o monopólio da permissão para o abate ritual;

---

12. Esta última recomendação refere-se ao sacrifício de animais aos deuses, proibido para os muçulmanos. (N.T.)

mais tarde, devido a uma série de contestações, a autorização foi ampliada para abranger as mesquitas de Lyon e de Evry. Não obstante, a aplicação desse decreto ministerial deixou a desejar, em razão das fraudes que foram cometidas. Nos demais países da Europa, a situação não era mais satisfatória. O acordo que criou o Conselho Francês do Culto Muçulmano (CFCM), assinado a 3 de julho de 2001, e a eleição subsequente de representantes da comunidade para compor o CFCM, em abril de 2003, não foram suficientes para melhorar a situação.

Os franceses muçulmanos consomem, em média e por ano, 150 quilos de carne e seus derivados (30% a mais do que a média nacional). Os 3.500 açougues *halal* (dentre os quais 1.500 se localizam somente na região de Île-de-France, em que vivem 38% dos muçulmanos da França) demonstram a importância desse comércio, calculado em três bilhões de euros por ano, embora esse número inclua as exportações para os países muçulmanos. Contudo, pesquisas vêm demonstrando que existem muitas fraudes na aplicação do rótulo *halal*, o que leva muitos muçulmanos a degolar pessoalmente os animais para o consumo próprio. Além disso, seus produtos não são suficientes para atender à demanda, sobretudo por ocasião da festa canônica *Aid el Adha* ou a "Festa do Sacrifício", também chamada de *Aid el Kebir* ou a "Grande Festa".

Esta é celebrada durante o período da peregrinação a Meca e dedicada a Abraão, chamado de *Al Khalil* ou "o Amigo" (de Deus) e qualificado pelo Alcorão como tendo sido o primeiro dos muçulmanos ("submissos a Deus"). Ela comemora o exemplo de Abraão, que aceitara a ordem divina de sacrificar seu filho Isaac (segundo o Islã, isso ocorreu com *Ismael*), embora Deus quisesse apenas testar a sua obediência e o tivesse dispensado no último momento. O costume requer dos muçulmanos que sacrifiquem um carneiro nessa ocasião. Somente na França, isso representa entre duzentos mil e seiscentos mil ovinos (um por família), e os matadouros legais não conseguem satisfazer a toda a demanda. Em consequência, algumas famílias degolam o animal em casa, sobre a pia da cozinha ou nos banheiros. Os movimentos de defesa dos animais, como a Obra de Assistência aos Animais de Matadouros (OABA); a Sociedade Protetora dos Animais (SPA) e a Fundação Brigitte Bardot, além de muitas personalidades conhecidas, mobilizaram-se contra essas práticas. Alguns destes últimos, particularmente a célebre atriz, vêm sendo criticados por utilizar em seus protestos termos racistas ou, até mesmo, islamófobos.

A maior parte dos Estados europeus adotou legislações mistas, apresentando o princípio de uma exceção limitada, no que se refere à escolha dos locais de abate privado dentro dos matadouros públicos, e a criação de um corpo de sacrificadores profissionais, de acordo com uma recomendação do Conselho da Europa, datada de 1991. A partir de 1994, as regulamentações sanitárias francesas impõem que os animais de abate sejam insensibilizados antes de ser sangrados nos matadouros. Todavia, ela admite exceções, particularmente no caso de touros mortos em touradas ou para os abates rituais que impõem o sangramento prévio ao corte, porque pode acontecer que o "estonteamento" por meio do golpe de uma pistola de pressão contra a testa ou por eletronarcose provoque a morte. Não obstante, Tareq Obrou, presidente da Associação dos Imãs da França, declarou que "a prática de estontear o animal primeiro a fim de tornar sua morte menos dolorosa é um procedimento que só pode ser recomendado".

"O Islã proíbe o consumo de álcool?"

> *O maometanismo, como todos sabemos,*
> *proíbe o consumo do vinho.*
> Théophile Gautier, *Voyage pittoresque en Algérie* (1845)

Estranhamente, no que tange à proibição do consumo de bebidas fermentadas, não é o Alcorão, a palavra de Deus, o mais categórico, mas sim as decisões teológicas ou políticas. É inegável que o surgimento do Islã no século VII provocou a diminuição da produção de vinho nas margens sul e leste do Mediterrâneo, porém a bebida não foi suprimida. Bem longe disso! Na realidade, o relacionamento dos muçulmanos com as bebidas fermentadas e com os diversos tipos de aguardente é mais complexo do que a destilação do álcool (do árabe *al-kahal* ou "coisa sutil"), sendo posterior em três séculos à revelação corânica. A destilação foi descoberta por um médico árabe e muçulmano, Abulcassis al-Zahrawi, que viveu em Córdoba no século X e reinventou o alambique – do árabe *al-anbiq*, por sua vez derivado do grego *ambix* – após a leitura de um antigo manuscrito, o qual caíra em desuso depois de sua criação em Alexandria na época da dinastia dos Ptolomeus macedônios (367-30 a.C.). A destilação permitia aquecer o vinho até tirar dele o "espírito" capaz de ser utilizado para fins de magia.

Para dizer a verdade, a tradição muçulmana e sua jurisprudência concernente ao consumo do vinho estão sujeitas – tal como no judaísmo – a uma série de contradições. A riqueza do vocabulário árabe é reveladora: *charab* é o líquido obtido pela primeira pressão das uvas frescas, enquanto a maceração de passas de uva secas dentro de um recipiente com água produz o *nabidh*. *Khamr* designa o vinho de uva e, por extensão, toda bebida que possa produzir embriaguez. *Sawiq* é o resultado da fermentação da cevada ou do mel, e *sawiq muqannad* é o vinho ou outra bebida derivada da cana-de-açúcar. A palavra *tagir* ou "mercador" deriva do arameu e designava em sua origem o vendedor ambulante de vinho, enquanto *hajj*, a peregrinação a Meca, é um termo semita que significava "festa" no árabe pré-islâmico.

Existe no Alcorão um versículo favorável ao vinho: "Vós retirais uma bebida embriagadora e um alimento excelente dos frutos das palmeiras e das vinhas. Existe aqui realmente um sinal para um povo que o possa compreender!" (Surata XVI, versículo 67). Em outro lugar, diz o Alcorão: "Oh, crentes! Não façais vossas preces enquanto estiverdes ébrios!" (Surata IV, versículo 43). Daqui se deduz que era permitido beber, desde que não se fosse à mesquita ou não estivesse na hora de fazer as preces diárias. Mais adiante, o Alcorão desaconselha, mas não proíbe formalmente: "Oh, vós que credes! O vinho, os jogos de azar, as estátuas e as flechas divinatórias são uma abominação, uma obra do Demônio. Evitai-os. Talvez isso vos torne mais felizes" (Surata V, versículos 90 a 92). Outros versículos são dedicados à descrição do Paraíso, onde o crente terá por companhia as *huris*, "aquelas de olhos negros e pele branca", eternamente virgens; "lá correrão rios de vinho" (Surata XLVII, versículo 15) e também "lhes darão a beber um vinho raro" (Surata LXXXIII, versículo 25). Os comentadores explicam que se trata de um "vinho místico", que não faz perder a razão, mas não é isso que está escrito.

Desde o começo, os muçulmanos parecem haver oscilado entre o costume de beber vinho, solidamente ancorado entre os beduínos da Arábia, e a nova lei, entre o proibido e sua transgressão. Omar, o segundo califa, foi o primeiro a pronunciar uma condenação inapelável: "O vinho é proibido pelo Alcorão; por "vinho" se entende tudo aquilo que se extrai de cinco produtos: as uvas, as tâmaras, o mel, a aveia e o trigo". A verdade é que, nessa época, o texto corânico ainda não havia sido estabelecido, e os beduínos, um povo de poetas que encontravam sua inspiração na embriaguez, só haviam mantido na memória os versículos que lhes eram favoráveis. Ou então Omar, o primeiro dos conquistadores maometanos, queria dispor de um exército de guerreiros sóbrios e não tinha interesse em poetas!

Por outro lado, Aisha, a "bem-amada", relata: "Nós tínhamos o costume de preparar *nabidh* em odres; tomávamos um punhado de tâmaras ou um cacho de uvas e os lançávamos em um odre que depois enchíamos de água. Esse *nabidh*, preparado de manhã, era bebido à noite pelo Profeta; se fosse preparado à noite, ele o bebia na manhã seguinte. No terceiro dia, esvaziávamos o que havia restado dentro do odre". É com base nesse *hadith* que o ritual hanafita (praticado pelos muçulmanos de língua turca) autoriza a ingestão de bebidas alcoólicas em quantidades moderadas, e é por isso que os turcos bebem com frequência uma bebida alcoólica [bastante forte] preparada à base de anis, o *raki*, chamado de *arak* pelos sírios, libaneses e iraquianos.

Mesmo as condenações mais rigorosas não impediram que se desenvolvesse entre os muçulmanos uma brilhante poesia báquica que não fica a dever nada aos poemas do mesmo gênero de poetas gregos, latinos ou cristãos. Esse tipo de poesia surgiu sob a dinastia dos Omíadas (661-750), foi continuado sob os Abássidas (750-1258), sob os turcos Otomanos (séculos XVI a XX) e sob as dinastias persas. O mais célebre dos poetas a louvar o vinho em Bagdá, Abu Nuwaz (757-809), foi apelidado na França de "Villon" ou de "Rimbaud" árabe. Citemos alguns de seus versos: "O vinho me foi apresentado por um jovem copeiro / Era do sexo feminino, mas me apareceu vestido como rapaz / Era uma donzela que misturava em si ambos os sexos / e que se deixava amar das duas maneiras. [...]

Mas se misturássemos o vinho com a luz / O resultado seria luz sobre a luz". Para sublinhar sua audácia, é necessário lembrar que, em certos pontos do Alcorão, o próprio Alá é denominado de "Luz sobre a luz"!

A maneira como Abu Nuwaz cantou o vinho foi imitada durante os séculos de Isfahan (Irã) no Cairo, da Sicília à Andaluzia. Recordemos também a contribuição de Ziryab (789-857), o já citado árbitro do bom gosto, o qual, como dissemos antes, foi o inventor do copo com pé, destinado a valorizar a cor do vinho. Com ele, a tradição dos banquetes encontrou uma nova idade de ouro, depois de ter sido quase perdida nos países latinos, porque a Igreja de Roma pregava a austeridade e o desprezo do corpo a fim de favorecer a salvação da alma. Nesses versos, o amor permanece inseparável da embriaguez. O amor carnal, o amor cortesão e até mesmo o amor místico, como se encontra nas obras do maior de todos os sufis, Ibn Arabi (1164-1240), natural de Múrcia, na Espanha, mas falecido em Damasco, na Síria, autor de "O canto do desejo ardente", em que escreveu: "Deleita-te com o vinho que ela te verte coberta com seu véu / E goza os cantos que ressoam à distância. / Este vinho te leva de volta a Adão: / É o verdadeiro testemunho de que existe um Paraíso".

É certo que, no passado, entre os muçulmanos, bebiam somente os nobres, os burgueses ricos, os comerciantes e os artistas, com raras exceções... Não obstante, nos tempos modernos, os operários imigrados frequentemente saem para beber com seus companheiros de fábrica ou de construção e consomem livremente cerveja ou "o grande vermelho", o vinho tinto mais popular; ao retornar para seus países de origem, conservam esse costume. Também é verdade que, tanto na Turquia quanto nos demais países localizados às margens do Mediterrâneo, com exceção da Líbia, produz-se vinho não somente para exportação, mas igualmente para consumo local, e não apenas dos turistas.

Os movimentos islamitas fazem guerra ao consumo de álcool, oficialmente proibido na Arábia Saudita e em outros países. No entanto, pudemos constatar pessoalmente que, na própria Arábia, os príncipes e os plebeus ricos possuem grandes estoques clandestinos de excelentes vinhos e que, na República Islâmica do Irã, em que foi concedida permissão oficial aos cristãos para produzir e vender vinho, alguns muçulmanos também o preparam, em segredo e artesanalmente, para consumo próprio, em família ou com seus amigos.

Concluiremos então este estudo sobre a "ideia preconcebida" de que o vinho é proibido no Islã com alguns versos de Omar Khayyam (1047-1122), retirados de *Rubaiyat*. Eles podem ser aplicados não só aos rigoristas muçulmanos, mas também aos de outras confissões:

> Eles nos garantem que existe um Paraíso, que será povoado de huris,
> Elas nos oferecerão seu mel e o vinho dos melhores vinhedos;
> Portanto, nos é permitido amar o vinho também cá em baixo.
> Já que o Paraíso é o nosso destino, conforme está escrito no Livro.
>
> Oh tu, que não bebes vinho, não reproves os que se embriagam:
> Entre o orgulho e o fingimento, por que trapacear o tempo todo?
> Tu não bebes, e daí? Não te gabes de tua abstinência,
> Antes considera teus próprios pecados, bem piores do que o vinho.

بسم الله الرحمن الرحيم

"O Islã proíbe as imagens?"

> *Os anjos não entram em uma casa
> em que haja um cão ou uma representação figurada.*
> Maomé, em *Sahih al-Bukhari* (capítulo 59,
> seção 7, segundo parágrafo)

Por que esta "ideia preconcebida" se impôs tanto no Islã como no Ocidente? Trata-se de uma interdição realmente corânica? Ou simplesmente de um fato social? As traduções do Alcorão, particularmente a de Denise Masson, reconhecida pela Universidade de Al Azhar, do Cairo, considerada uma autoridade em todo o mundo muçulmano, e a de Jacques Berque, bastante inovadora, estabelecem um "índice de conceitos e de temas". Ora, não encontramos em nenhuma delas qualquer referência a desenho, figura, imagem, representação ou estátua! Muitos versículos, por outro lado, condenam o politeísmo, referem-se à destruição de ídolos por Abraão e por Moisés – cujo exemplo foi seguido por Maomé, com relação às imagens que se encontravam na Caaba, no ano de 630 de nossa era – e denunciam igualmente a falsidade das deidades.

Impõe-se uma constatação: a ausência de representações figuradas nas sinagogas, nas mesquitas e nos templos das igrejas protestantes. Nas mesquitas, entretanto, o que mais impressiona é a abundância e a riqueza da decoração em estilo abstrato: arabescos, caligrafias e, algumas vezes, mosaicos e/ou *al-zeliges* (azulejos) em grande variedade de cores. Constatação inversa: pinturas em afresco representavam, nas paredes dos castelos dos sultões da dinastia Omíada (661-750), músicos e dançarinas durante banquetes em que os convivas bebiam vinho, o que deveria ser duplamente condenado pelos rigoristas! Outro aspecto que deve ser igualmente assinalado é a profusão, a partir do século XVI, das miniaturas persas, árabes, mongóis, andaluzas e otomanas, nas quais não faltam cenas bastante vívidas, algumas incontestavelmente eróticas. Outros exemplos são abundantes: as pinturas em vidro, que haviam encontrado grande sucesso popular e continuam em voga até os nossos dias; as pinturas figurativas de cavaleiros, que se tornam cada vez mais comuns a partir do século XIX sob a influência dos pintores românticos europeus; a exibição de fotografias de seres humanos nas paredes das residências e a presença obsedante de retratos de chefes de Estado em todos os países muçulmanos, mesmo os mais rigorosos, como o Irã; e a produção, a partir do início do século XX, de filmes árabes, persas ou hindus. Desde 1891, quando os filmes dos irmãos Lumière foram projetados pela primeira vez em Alexandria, no Egito, Mohamad Abdó (1849-1905), na ocasião o mais reconhecido dentre os fundamentalistas egípcios, logo publicou um texto para justificar o cinema, explicando: "É importante para que entendamos o senso estético dos europeus". Então, o que é e o que não é proibido?

As principais interdições estão na *sunna*. São encontradas principalmente no *Sahih Bukhari* do persa Al-Bokhari (810-870), considerada a mais fidedigna obra nesse sentido. Ações e palavras de Maomé, relatadas por seus companheiros e por seus sucessores, foram reunidas nesse livro de 97 capítulos, divididos em seções, das quais cada uma compreende um ou mais *hadith*, em um total de 7.300, que podem ser reduzidos a 2.762 se suprimirmos as repetições. Apesar das precauções tomadas, não é garantida a autenticidade de todas essas narrativas; foi por essa razão que o coronel líbio Muammar Khaddafi proclamou que obedecia ao Alcorão, mas não se sentia na obrigação de seguir a *sunna*. Na verdade, este é o único chefe de estado muçulmano que teve tal ousadia.

Aisha conta que possuía um tecido de lã tingida com a representação de figuras; quando o Profeta o enxergou, rasgou-o em pedaços e gritou: "Certamente, entre aqueles que sofrerão os tormentos mais rigorosos no dia do Juízo Final se encontrarão os que teceram estas representações figuradas" (capítulos 78 e 75, primeira seção). Com relação a um homem que ganhava a vida esculpindo imagens, Maomé disse: "Aquele que fabricar uma imagem será punido por Alá até que lhe tenha insuflado uma alma, coisa que ele será para sempre incapaz de fazer" (capítulos 77 e 92, primeiras seções). Aisha relata ainda que ele não conservava em sua casa nenhum objeto em forma de cruz – porque, de acordo com o Alcorão, o profeta Jesus jamais foi crucificado –, mas que destruía imagens, instrumentos de música e odres de vinho sempre que os via (capítulos 77 e 90).

Contudo, os povos arianos ou indo-europeus (persas, hindus e mongóis) praticaram com frequência a arte figurativa, particularmente a miniatura, porque não tinham os mesmos costumes mais favoráveis à arte abstrata dos semitas (judeus e árabes), mesmo que estes últimos tivessem tido seus períodos de politeísmo idólatra. A crença segundo a qual reproduzir um ser humano por meio de imagens significa querer rivalizar com o Criador era tão forte que os primeiros miniaturistas persas recorreram "a um ardil", como se diz no Islã para definir as astúcias que permitem burlar uma interdição. Eles pintavam um fino traço através do pescoço de seus personagens para indicar que estes não representavam seres vivos. Porém, muito rapidamente abandonaram o ardil, exemplo que foi logo seguido pelos artistas árabes! Outro ardil bastante utilizado foi o de recorrer aos arabescos da caligrafia para sugerir uma imagem figurativa (pera, leão, cavalo, seres humanos etc.).

Os preceitos do Profeta prevaleceram desde o nascimento da arte sacra muçulmana. Será porque esses padrões estéticos correspondiam melhor à sensibilidade dos beduínos, habituados às imensas extensões desérticas que favorecem a contemplação e a meditação? Ou então porque esses padrões eram adequados para a arte desses beduínos enamorados da palavra, cujas poesias excitavam a imaginação bem mais do que teriam feito simples imagens e que, portanto, tendiam a reproduzir pobremente a natureza ou a mulher amada? Ou, ainda, será que correspondiam à vida desses nômades sempre em movimento, que sabiam por experiência própria que a palavra efêmera se encarna na escrita? O fato é que a arte sacra islâmica sempre evitou o naturalismo e o antropomorfismo a tal ponto que chegou a influenciar três imperadores bizantinos de Constantinopla: Leão III, o Isauriano (675-741), Constantino V (718-775) e Leão V, o Armênio proclamaram "a idolatria das representações" e encorajaram os iconoclastas que destruíam os ícones dos próprios ortodoxos. Na época contemporânea, o aiatolá Khomeini proibiu a música e chegou a pretender a destruição das ruínas dos templos de Persépolis; não somente ele renunciou a essa intenção devido à oposição popular, como também, bem ao contrário, o número de paredes pintadas, em muitos casos comportando representações figuradas, multiplicou-se em Teerã, e um dos palácios de Isfahan, decorado com pinturas de murais em afresco, onde figuras humanas festejavam e bebiam vinho, foi aberto à visitação pública. Por outro lado, no Afeganistão, os talibãs destruíram, em 2001, os magníficos budas milenares esculpidos nas rochas das montanhas, que todos os demais muçulmanos haviam respeitado desde a conquista do país pelos árabes, no ano de 651 de nossa era.

Em um livro que é muitas vezes citado como referência, *L'Art de l'Islam: langage et signification*, Titus Burckhardt escreveu: "Em sua interpretação mais exata e rigorosa, a proibição das imagens no Islã visa exclusivamente à proibição de representar a divindade". Foi por esse motivo que se inventou recentemente um neologismo para designar a arte sacra muçulmana, o "aniconismo", ou seja, a "ausência de imagens", reservando-se o termo "iconoclastia" para os cristãos ortodoxos. Burckhardt considera importante observar que, nas sociedades árabes sunitas, "evita-se a representação de qualquer ser vivo, por respeito ao segredo divino que se acha contido em todas as criaturas" e salienta que a proliferação de ornamentos em formas abstratas (caligrafia ou arabescos) contribui, por seu ritmo contínuo, para favorecer a "qualidade da vida contemplativa".

Para os cristãos, o milagre consiste em que o Verbo se tenha feito carne na pessoa de Jesus; para os muçulmanos, o milagre é que o Verbo se transformou em um Livro através da escrita do Alcorão. É isso que explica a importância das escrituras na tradição popular muçulmana. Segundo um dito popular, no dia do Juízo Final, a tinta utilizada pelos calígrafos terá o mesmo valor que o sangue vertido pelos mártires e lhes permitirá acesso igual ao Paraíso. Em seguimento ao iraquiano Jamil Hamoudi, que na década de 1950 introduziu a escrita árabe sobre telas pintadas em cavaletes ao estilo europeu, os pintores de sinais caligráficos alcançaram grande sucesso no conjunto do mundo muçulmano. Podemos citar, entre outros pintores contemporâneos, Massoudy (Iraque), Sami Burhan (Síria), Wajih Nahleh (Líbano). Ahmed Abdallah (Egito), Soleihi (Sudão), Nejad (Turquia), Nadjá Mahdaui (Tunísia), Koraichi (Argélia), El Melhi e Mehdi Qotbi (Marrocos). Esse renascimento da arte caligráfica não prejudicou em nada os figurativos modernos que começaram a difundir seus trabalhos a partir do século XIX.

Desse modo, a caligrafia entre os muçulmanos tornou-se a expressão plástica do sagrado, assim como a salmodia do Alcorão foi sua expressão musical. Do Golfo Pérsico ao Atlântico, encontramos a repetição cíclica de um ritmo cuja intensidade nasce de sua própria renovação.

Esse ritmo repetitivo e cíclico alcançou suas maiores realizações entre os sufitas, com as danças dos dervixes giradores. A caligrafia, a salmodia e as danças místicas ou iniciáticas correspondem a uma sensibilidade peculiar aos povos árabes e muçulmanos que, apesar de suas diferenças, souberam exprimir a sua sensualidade por meio das artes de tipo abstrato, alcançando nelas um sucesso excepcional.

O ISLÃ E O MUNDO MODERNO

"Assistimos hoje ao despertar do Islã e dos movimentos fundamentalistas?"

O último quarto do século XX foi marcado pela emergência [...] dos movimentos islamizantes.
Gilles Kepel, *Jihad: expansion et déclin de l'islamisme* (2000)

As ações violentas que sacodem periodicamente o mundo muçulmano depois da revolução iraniana (1978-1979) não nos devem levar a confundir Islã com islamismo e ver em cada muçulmano um fundamentalista em potencial. Algumas das causas do fenômeno contemporâneo que vem sendo chamado de "Islã radical" ou de "Islã político" são certamente religiosas e espirituais, mas existem muito mais razões ideológicas, políticas, econômicas, sociais, culturais e até mesmo históricas.

Efetivamente, desde a morte do Profeta, a evolução da *ummá* foi corrompida pelo que se pode qualificar como acessos de fervor: rivalidades familiares (Aisha contra Ali), tribais ou dinásticas (a vitória dos Abássidas hashimitas sobre os Omíadas em 750 ou dos Almohadas sobre os Almorávidas no Magrebe em 1147), inimizades étnicas (berberes contra árabes, turcos contra persas, otomanos contra árabes etc.), ambições político-religiosas (a partir do século XVIII, os sauditas *wahabitas* contra os hashimitas, guardiões de Meca e de Medina do século X até 1924). Outra constante foi o movimento pendular que nunca parou de oscilar entre os "unitaristas", que pretendiam impor a unidade da *ummá*, e os "regionalistas", que favoreciam especificidades locais e étnicas; quando uma dessas tendências se afirmava muito fortemente, ela provocava a ressurgência da outra. Em todos os casos, o partido que combatia a situação vigente afirmava agir em nome da ortodoxia islâmica e do retorno às origens.

Enquanto se prolongava a fase de declínio, produziu-se uma tomada de consciência sob o tríplice choque do Iluminismo europeu e da Revolução Francesa de 1789, da expedição de Napoleão Bonaparte ao Egito (1798-1801) e da Revolução Industrial na Europa. Os intelectuais egípcios e sírio-libaneses contribuíram para a *Nahda* (Renascimento), dominada por duas correntes de pensamento que vêm sendo transmitidas, com algumas alterações e novos nomes, até os nossos dias.

1. **O modernismo liberal**. Foi inspirado por Rifaa Tahtawi (1801-1873). Diplomado pela universidade religiosa de Al Azhar, ele acompanhou, na condição de imã (aqui no sentido de capelão), uma missão de intelectuais, enviada a Paris entre 1826 e 1831 por Mehemet Ali, o fundador do Egito moderno. Ao retornar, Tahtawi publicou, entre outras obras, *Os caminhos dos corações egípcios para as alegrias dos costumes contemporâneos*, e uma de suas frases resume muito bem tanto sua filosofia quanto seu programa: "Para que a pátria seja o lugar de nossa felicidade comum, nós lutaremos pela liberdade, pelo pensamento e pela industrialização". Essas ideias são realmente novas para o Oriente! Ele será o pai espiritual dos nacionalistas que lutarão contra a colonização e pela edificação de um Estado moderno.

2. **O fundamentalismo muçulmano**. Seu principal expoente, Mohamed Abdó (1849-1905), seguiu o mesmo percurso: estudos na universidade de Al Azhar e permanência em Paris (1882-1884), mas elaborou uma filosofia bem diferente. Acreditando que o declínio do Islã devia-se ao fato de que os muçulmanos se haviam transviado, ele propunha um retorno às fontes. Apelidado de "o reformador do século", aconselhou "a reabertura da porta da *ijtihad*" e a recuperação da chama da ciência portada pelo Islã durante o período denominado "a idade de

ouro" a fim de reconciliar o Islã com o mundo moderno. Os movimentos islamitas do século XX afirmam ser os continuadores de suas ideias, mas nunca demonstraram a mesma abertura de mentes. A ampliação da colonização, a "Declaração Balfour" (1917), por meio da qual a Grã-Bretanha se comprometia com "a criação de um Lar Nacional Judeu na Palestina", as tensões surgidas na Índia entre hindus e muçulmanos (a partir de 1919), a criação da Sociedade das Nações (1920), que atribuiu mandatos (na prática, o controle político-econômico) a potências europeias sobre os países árabes, a abolição do califado por Mustafá Kemal Attatürk (1924) e o aumento do poder dos dirigentes nacionalistas de tendências leigas foram tantos outros fatores que provocaram o "despertar" do Islã, com a criação de três movimentos diferentes para sua inspiração e seus objetivos.

1. **A Sociedade para a Propagação da Fé**. Em 1927, na Índia britânica, um erudito, Mawlana Muhammad Ilyas (1885-1944), fundou uma sociedade, em árabe *Djama'at el Tabligh*. Ela visava a islamizar melhor os muçulmanos indianos por meios pacíficos, mediante a imitação de Maomé, porque as crenças e práticas deles estavam impregnadas de elementos do hinduísmo e do budismo. Ela se difundiu na Europa e na África.

2. **A Teoria das Duas Nações**. Em 1928, para enfrentar o hindu Jawaharlal Nehru, que era partidário de um estado leigo, Muhammad Ali Jinnah (1876-1948), um reformador bastante instruído, chefe da Liga Muçulmana, defendeu a Teoria das Duas Nações, que conduziu à divisão da Índia em 1947 e à criação do Paquistão[13], onde um ideólogo autodidata, Mawlana Abul Ala Mawdudi (1903-1979), defendeu a instalação de um estado teocrático e apoiou, em 1977, a instalação da ditadura militar do general Zia Ul Haq (1924-1988), que instaurou a charia ou lei

---

13. Posteriormente também de Bangladesh, resultante da independência do Paquistão Oriental. (N.T.)

islâmica. Esse exemplo inspirou algumas das repúblicas muçulmanas após a implosão da União Soviética, ocorrida em 1989.

3. **Os Irmãos Muçulmanos**. Em 1928, no Egito, um professor primário, Hassan el Banna (1906-1949), filho de um dos discípulos de Abdó, fundou a Organização dos Irmãos Muçulmanos, que preconizava a tomada do poder, pela força em caso de necessidade: esta seria a matriz da maior parte dos movimentos islamitas. O professor universitário suíço Tariq Ramadan é seu neto.

Encorajados e financiados pela Arábia Saudita, eles foram combatidos pelos governos nacionalistas que estavam no poder. A partir do final da Segunda Guerra Mundial, o Egito confirmou sua vocação de polo do arabismo ou nacionalismo árabe, fundando, em 1945, a Liga dos Estados Árabes, cuja sede se localiza no Cairo. Após ter derrubado a monarquia em 1953 e proclamado a república, o coronel Gamal Abdel Nasser autoproclamou-se arauto da unidade árabe, confrontando assim o reino saudita, que se apresenta como o baluarte do sunismo e cuja vocação é a de promover a unidade do mundo muçulmano. Em 1961 e 1962, a Arábia criou a Liga Islâmica Mundial, cuja sede se localiza em Meca (que dispõe de filiais em todos os continentes) e, em 1969, reuniu a Conferência Islâmica que, em 1972, tornou-se a OCI – que contava com 56 Estados-membros em 2001 –, cuja sede foi estabelecida em Jeddah.

A severa derrota infligida por Israel ao Egito durante a Guerra dos Seis Dias, em junho de 1967, traumatizou o mundo árabe e favoreceu o avanço da onda islamita. Os Irmãos Muçulmanos [*Gamaa Islamiyya*] desforraram-se dos nasseristas e dos nacionalistas, explicando que esta fora uma punição de Alá infligida aos maus muçulmanos que O haviam traído. Utilizando a religião para tentar a conquista do poder detido pelos nacionalistas civis ou militares, pacificamente ou pela força, os movimentos islamitas já existentes retomaram seu antigo vigor, enquanto se formavam outros mais ou menos semelhantes.

A partir da década de 1990, a ideologia islamita perdeu terreno durante as consultas eleitorais devido às violências cometidas pelos movimentos extremistas. Como reação, estes últimos se tornaram ainda mais violentos. O atentado de 11 de setembro e aqueles que o seguiram contribuíram para acentuar a divisão entre os islamitas e os modernistas.

"O Islã apoia os movimentos fundamentalistas?"

*Os governos árabes são hipócritas e corruptos. [...]
Os Estados Unidos são o Grande Satã, e Saddam Hussein é o
Pequeno Satã.*
Aiatolá Khomeini, declaração em discurso público

Antes de abordarmos a ação do Irã, convém recordar o geralmente pouco conhecido papel dos Estados Unidos, que deram apoio a muitos governos islamitas, entre os quais o do Paquistão, considerando que serviriam como um escudo eficaz diante das pretensões da União Soviética e das ideologias vigentes nas repúblicas nacionalistas, como a Síria e o Iraque. Aliados do xá Mohammed Reza Pahlevi, que modernizou o Irã, mas fez vistas grossas à corrupção, os Estados Unidos retiraram-lhe o apoio quando seu governo deixou de favorecer seus interesses na região. Mesmo que tenham se arrependido amargamente logo a seguir, foram eles que deram sinal verde para o retorno a Teerã, em 1º de fevereiro de 1979, do aiatolá Khomeini, que era o maior oponente do xá, e que logo passou a denunciar o "imperialismo norte-americano" e "o Grande Satã". Ele persistiu na mesma linha e, em novembro, aprovou a ocupação da embaixada dos Estados Unidos em Teerã e a tomada como reféns de 52 funcionários diplomáticos durante 444 dias. Conforme havia prometido, ele expulsou os 35 mil "conselheiros militares" norte-americanos enviados para o país durante o regime do xá, com a intenção de treinar "o quinto exército do mundo".

Gigantescas manifestações (reunindo de um a sete milhões de pessoas), realizadas a partir de 1977, acabaram conduzindo ao exílio do xá Mohammed Reza Pahlevi a

16 de janeiro de 1979, provocando assim a queda de uma monarquia de 2.500 anos, abolida a 12 de fevereiro. Essa vitória de "um povo de mãos nuas" logo produziu uma onda de choque que percorreu o conjunto dos mundos árabe e muçulmano. Favoreceu a estruturação de novos partidos islamitas, fortaleceu os antigos e contribuiu para mobilizar os democratas modernistas hostis às monarquias conservadoras e aos governos autoritários, para não dizer ditatoriais, de muitos países árabes. A República Islâmica do Irã, proclamada a 31 de março de 1979, logo lhes transmitiu seu apoio ideológico. A maior parte dos chefes dos movimentos islamitas sunitas das regiões norte-africanas do Magrebe e do Machrek logo partiu, uns após os outros, em peregrinação a Teerã. Contudo, essa "lua de mel" foi de curta duração.

De fato, a guerra lançada pelo Iraque contra o Irã (1980-1988), em consequência de provocações do regime de Teerã, serviu para reavivar a hostilidade secular entre árabes e persas, e ainda mais entre sunitas e xiitas. Os primeiros sempre humilharam e desprezaram os segundos, e estes, que eram minoritários (exceto no Irã, Iraque e Bahrein), conservavam profundos sentimentos de frustração. Mesmo que muitos democratas árabes aparentassem ter reservas com relação à ditadura de Saddam Hussein, eles salientavam, porém, que este era o país árabe que obtivera melhores resultados nos planos de desenvolvimento econômico e cultural. A Arábia Saudita temia o governo de Bagdá, mas deu-lhe apoio político e financeiro, porque temia ainda mais o Teerã e o xiismo. Por outro lado, também é a Arábia Saudita que na realidade sustenta a maior parte dos movimentos fundamentalistas sunitas.

É bem verdade que, no começo de sua revolução, Khomeini e os mulás ou "religiosos" conservadores nutriram a esperança de transformar o Irã na principal nação do mundo muçulmano e dar assim aos xiitas a sua desforra histórica sobre os sunitas. Para obter esse resultado, eles financiaram e mobilizaram os ativistas das minorias xiitas do Kuwait e da Arábia Saudita e da maioria xiita do Bahrein contra seus monarcas. Também encorajaram os xiitas árabes do Iraque (que formam 60% da população) a derrubar o governo de Saddam Hussein, um levante que teve como único resultado uma forte repressão. Finalmente, já era uma tradição desde os tempos da monarquia iraniana dar apoio nos planos religioso, político e econômico aos xiitas do Líbano, e suas contribuições haviam permitido em grande parte a formação do partido oposicionista moderado *Amal* ("Esperança"). A República Islâmica retomou a mesma linha, provocando o nascimento do Hezbollah ("Partido de Deus"), um movimento radical bastante ativo durante a guerra civil libanesa (1975-1990) e também na resistência às tropas israelenses que ocuparam o sul do país de 1972 a 2000.

Antes mesmo da morte de Khomeini (em 1989), os iranianos já haviam sido afetados por seu isolamento no cenário regional e internacional; seus sucessores aproximaram-se progressivamente da Arábia Saudita e acabaram ocupando a presidência da OCI de 1997 a 2000. Com o passar dos anos, os dignitários religiosos conservadores deixaram que se instalasse novamente a corrupção, da qual eles mesmos se beneficiariam e estratificaram ferreamente o sistema de modo a preservar seus privilégios, exatamente como faziam os cortesãos do xá, provocando assim um fortalecimento do nacionalismo iraniano e das aspirações democráticas. Esses fatos conduziram à eleição (com 70% dos votos e uma participação de 80% da população, em que se apresentou uma maioria de jovens e de mulheres) de um presidente religioso, porém reformista, Mohamad Khatami, a 23 de maio de 1997. Ao mesmo tempo em que propunha o "diálogo das civilizações" em escala mundial, ele queria consolidar no interior "a sociedade civil muçulmana", como fonte de sua legitimidade política e religiosa. Sua reeleição, a 8 de junho de 2001, com 77% dos votos, confirmou a vontade popular, reafirmada mais adiante, de instaurar um governo democrático, apesar da vontade dos religiosos de monopolizar o poder. A 24 de junho de 2005, Mahmud Ahmadinedjad, um engenheiro de 49 anos e então prefeito de Teerã, foi o primeiro leigo a ser eleito como presidente da República Islâmica, conquistando 61,69% dos votos e uma taxa de participação das eleições de 60%. Embora ultraconservador e populista, prometeu exercer o governo com moderação. Juntamente com ele, os conservadores detêm todos os centros de decisões políticas.

As monarquias do Golfo pareciam temer ainda mais a evolução democrática iraniana do que as anteriores ameaças de Khomeini, durante seu governo de 1979 a 1989, de tal modo que o Qatar, o Kuwait, o Bahrein e os Emirados Árabes Unidos iniciaram uma série de tímidas reformas institucionais, seguidos pela Arábia Saudita, a partir de 2004.

Além disso, o governo iraniano distanciou-se dos movimentos fundamentalistas sunitas que pregam e praticam a violência, chegando inclusive a condenar publicamente os talibãs do Afeganistão e os massacres praticados pelo GIA na Argélia. Por outro lado, continua a apoiar o Hezbollah libanês, que resiste a Israel, e a ajudar todos os movimentos xiitas, quer de cunho islamita, quer não, como fazia no Afeganistão.

A partir dos atentados de 11 de setembro, o governo de Teerã condenou Bin Laden, a rede Al-Qaeda, os talibãs e seu chefe, o mulá Omar. Paralelamente, manifestou-se contra os bombardeios norte-americanos que não poderiam deixar de fazer vítimas civis e de aumentar assim a animosidade dos muçulmanos em prejuízo do diálogo das civilizações.

Por seu lado, o presidente George W. Bush colocou o Irã, juntamente ao Iraque e à Coreia do Norte, no "eixo do mal". Após obter a autorização do Congresso de Washington, em outubro de 2002, ele interveio militarmente no Iraque, a 20 de março de 2003, para derrubar o governo de Saddam Hussein. A captura deste último, a 13 de dezembro, não pôs fim ao comprometimento das tropas americanas e de seus aliados, mas permitiu a realização de eleições em 2005. Contudo, esse conflito aumentou os riscos de desestabilização da região e reavivou os rancores dos árabes, tanto muçulmanos quanto cristãos, com relação aos Estados Unidos, que apoiam permanentemente Israel contra os palestinos e parecem mais interessados em preservar seus interesses petroleiros do que realmente defender a democracia.

"É MAIS DIFÍCIL SER MUÇULMANO NO OCIDENTE?"

*Ser muçulmano na França de hoje desperta medos e suspeitas.
[...] O temor do outro torna difícil o processo de inserção
das culturas muçulmanas na maneira de pensar
de nossos governantes.*
Editorial, La Medina, edição de janeiro/fevereiro de 2001

Em consequência de diversos preconceitos herdados através da história e da religião, os muçulmanos sempre foram vistos com desconfiança a partir de sua chegada em grande número, desde a metade do século XX, em muitos dos países da Europa em que o cristianismo dominava há dois milênios. Essa atitude traduziu-se de diferentes formas, entre elas a recusa de autoridades locais ou nacionais a dar permissão para a construção de espaços de culto, a discriminação na permissão para obter moradias, as dificuldades de admissão em certos empregos etc. As pressões exercidas por diversas associações de defesa dos direitos humanos e de luta contra o racismo e o antissemitismo, bem como os procedimentos legais iniciados pelos representantes de comunidades muçulmanas, contribuíram para melhorar a situação, mas também sofreram reveses. De fato, os atentados de extremistas islâmicos na Europa ou em outros lugares do mundo provocaram reações negativas nas opiniões públicas de diversos países, quando não o endurecimento das atitudes assumidas pelas autoridades.

O ataque de 11 de setembro de 2001 e aqueles que o seguiram reavivaram as suspeitas e as desconfianças, justamente em um período em que a inserção dos muçulmanos, naturalizados ou não, começava a ser realizada de forma mais satisfatória, mesmo que as legislações e os costumes diferissem de um estado europeu para outro. O atentado de Madri provocou uma onda de racismo e favoreceu, em muitos países da Europa, o crescimento dos partidos de extrema direita com tendências à xenofobia.

A França, um país que tradicionalmente acolheu imigrantes ao longo dos séculos, aplicava desde o período monárquico o *jus solis* [princípio do direito do solo], que permitia a todo filho de estrangeiros nascido em seu solo obter a nacionalidade francesa. Além disso, a Revolução Francesa de 1789 introduzira a seguinte regra: "É francês quem deseja ser francês", que visa à integração e até mesmo à assimilação em todos os planos. Por sua vez, a Alemanha tradicionalmente aplicou o *jus sanguinis* [princípio do direito de sangue] ou concessão da nacionalidade apenas por filiação e foi somente em 2000 que ela modificou essa lei a fim de facilitar a naturalização de estrangeiros. No Reino Unido, a tradição "arabista" do Foreign Office[14], que datava do século XIX, favorecia o comunitarismo que permitia a cada grupo étnico ou religioso ter sua própria rede de escolas, lugares de culto, jornais e até bancos, entre outras instituições, organizadas segundo os modelos de seu país de origem. O aspecto negativo de tal política era o de que cada uma dessas comunidades vivia em um compartimento estanque. Fiel à sua tradição de defesa dos direitos humanos e das práticas bancárias, a Grã-Bretanha tolerou em seu território os porta-vozes dos grupos extremistas muçulmanos e a passagem de dinheiro que financiava redes ligadas à Al-Qaeda. Hoje em dia, o governo mostra-se mais vigilante.

A França é o único país do continente em que a laicidade [sociedade leiga] é a doutrina oficial desde a lei de 1905 que separa a Igreja e o Estado. As demais nações admitem uma certa interpenetração entre o poder e a religião dominante, porém, nos anos mais recentes,

---

14. Ministério do Exterior. (N.T.)

vêm se laicizando cada vez mais. Herança da colonização, a França é igualmente o país que conta com a mais antiga imigração (datando da Primeira Guerra Mundial) de muçulmanos magrebinos e senegaleses. Esta é também a mais importante da Europa, formada por cerca de cinco milhões de pessoas. Apesar das diferenças que existem entre eles, estamos falando de países industrializados em que um muçulmano praticante pode não se sentir à vontade. Raramente os imperativos da produtividade e das práticas religiosas coincidem.

Nenhum dos Estados ocidentais admite a poligamia. Igualmente proibida na Turquia e na Tunísia, ela é de fato pouco difundida, salvo na África ao sul do Saara. No que se refere ao jejum do mês de Ramadã, ele se torna muito penoso quando se mantém um ritmo de trabalho intenso durante o dia; foi por esse motivo que o presidente tunisiano Habib Bourguiba tentou suspendê-lo, explicando que diminuía o ritmo da produtividade e prejudicava os países em desenvolvimento, o que está em contradição com o espírito do Alcorão, que recomenda melhorar as condições de vida dos seres humanos.

Além disso, não é nada fácil praticar no lugar de trabalho duas ou três das cinco preces cotidianas requeridas dos muçulmanos. Embora isso seja verdade, sempre é possível agrupá-las; por outro lado, é necessário que os patrões ou chefes disponibilizem a seus operários muçulmanos um lugar de recolhimento e lhes concedam o tempo necessário; ou que os praticantes realizem suas preces durante o horário de almoço.

Na realidade, as mentalidades evoluem, e estamos assistindo a adaptações recíprocas. Na França, a "maioria silenciosa" está bem integrada e, por esse motivo, não necessita de mediações da parte do governo. Os muçulmanos contam em suas fileiras com escritores, artistas, professores, advogados, médicos e cada vez mais são eleitos para exercer funções nos governos locais, mas, por enquanto, só triunfaram nas urnas dez deputados maometanos, entre o parlamento francês e o parlamento europeu. Por outro lado, esforços constantes vêm sendo realizados no sentido de construir mesquitas e formar imãs. De um total aproximado de 1.200 em atividade na França, 75% não são franceses e mais de 30%, inclusive capelães de presídios que atendem espiritualmente os condenados muçulmanos, nem sequer falam francês. O Ministério do Interior decidiu, desde o início das aulas de 2005, que lhes devam ser ministrados cursos intensivos de francês, assim como de direito, educação cívica e iniciação aos costumes franceses.

Duas pesquisas de opinião realizadas pelo Instituto Francês de Opinião Pública mediante encomenda do jornal *Le Monde*, realizadas em 1989 e em 1994, demonstraram a existência de uma evolução que se vêm confirmando nos anos seguintes. Na segunda, 95% dos muçulmanos interrogados (contra 93% da primeira enquete) declararam ser possível tornar-se "perfeitamente integrado" na sociedade e praticar a religião em ambiente privado, e 80% (contra 71% na primeira pesquisa) afirmaram que se pode viver na França e, ao mesmo tempo, "respeitar todas as prescrições do Islã". Mais de 75% disseram não se opor a que um membro de sua família se case com um não muçulmano. Contudo, um fenômeno que acompanha os outros cultos, a prática religiosa muçulmana encontra-se em baixa e passou de 37% para 17% (descendo para 10% em 2004). A fé vem sendo cada vez mais encarada como uma questão pessoal e, mesmo que uma pequena minoria esteja se "reislamizando", sobretudo nos subúrbios, por iniciativa da pregação de religiosos em sua maioria islamitas, trata-se, em geral, de jovens "deslocados", para quem o Islã torna-se a afirmação de uma identidade que lhes inspira uma reivindicação social e cultural. Essa evolução é análoga na maior parte dos países europeus.

Os livros *La France, une chance pour l'Islam*, dos autores protestantes Jeanne-Hélène e Pierre-Patrick Kaltenbach, e *L'Islam et la république: des musulmans de France contre l'intégrisme*, de Martine Gozlan e Soheib Bencheikh, filho de um antigo reitor da mesquita de Paris, abriram o caminho para úteis reflexões. Podemos dizer que estamos assistindo à formação de um "Islã à francesa" e, de forma mais global, de um "Islã à europeia". Finalmente, a ideia preconcebida segundo a qual é mais difícil ser muçulmano no Ocidente não impede que essa parte do mundo atraia um número crescente deles.

"O ISLÃ NÃO RESPEITA OS DIREITOS DO HOMEM?"

> *Sobre o espaço árabe foi lançado um manto de chumbo que sufoca as liberdades de palavra e de consciência, que restringe o direito à educação e que impõe o domínio inconteste do pensamento oficial.*
> Joseph Maïla, *Les nouvelles questions d'Orient* (1991)

Os ataques terroristas do 11 de setembro de 2001 e o comportamento dos talibãs no Afeganistão, evidentemente, mas também o caso dos turistas tomados como reféns pelo grupo islâmico Abu Sayyaf para obter resgates, ou aqueles que foram mortos no Egito pelos fundamentalistas a fim de criar dificuldades para um governo qualificado como ímpio, as mulheres e crianças assassinadas na Argélia pelo GIA, o massacre de cristãos e de animistas no Sudão, os apedrejamentos de mulheres adúlteras na Arábia Saudita transmitidos pela televisão, o apelo ao assassinato do escritor Salman Rushdie, autor de *Os versos satânicos*, lançado em 1989 pelo aiatolá Khomeini, que o acusou de apostasia, e diversos atentados através da Europa, principalmente os de Madri (2004) e de Londres (2005), fazem parte dos eventos que chocaram as pessoas no mundo inteiro. Menos espetaculares, as restrições aplicadas às liberdades fundamentais pelos governos autoritários, para não dizer ditatoriais, de diversos países muçulmanos não são menos reais. Como em relação a outros temas, a questão que se apresenta é a seguinte: quais destas atitudes se apoiam na revelação corânica? Quais delas resultam apenas da sede de poder de homens comuns, como ocorre com adeptos de outras religiões?

A *Churá* ou "Consultação" (que também pode ser traduzida como "acordo" ou "deliberação"), título da Surata XLII, é uma prática recomendada pelo Alcorão tanto aos governantes quanto aos crentes: "Fazei consultas, portanto, sobre todas as questões" (Surata III, versículo 159). Esta é a ordem que foi dada a Maomé, ao passo que os fiéis são convidados a "Deliberar entre si sobre todos os assuntos" (Surata XLII, versículo 38). Foi este o princípio invocado para escolher Omar como o segundo califa. Ele adotou o título de *Amir al-mu'minim,* ou "Príncipe dos crentes", baseando-se em um célebre versículo que prescrevia a obediência devida pelos muçulmanos àqueles que os comandavam: "Nós enviamos um Profeta para que ele seja obedecido com a permissão de Deus" (Surata IV, versículo 64). Entre os cristãos, durante séculos se aceitou que os monarcas tivessem um poder absoluto derivado do "direito divino dos reis". É por causa de um princípio análogo que, para os xiitas "imamitas", os doze primeiros Imãs conservaram o poder espiritual e temporal. Esse princípio foi retomado por Khomeini para elaborar sua teoria do *welayat faqih,* ou o governo do sábio religioso, que conduziu à instauração da função de Guia Supremo. Entre os sunitas, certamente os califas e outros soberanos referem-se à consultação, mas fundamentam seu poder absoluto sobre o versículo 64; alguns deles foram justos e equânimes, porém outros foram despóticos.

Desde o século XIX, os teólogos reformadores e os partidários da democracia fundamentam-se sobre a "consultação" recomendada pelo Alcorão para justificar a adoção de constituições e de governos parlamentares do tipo ocidental. Eles põem em discussão igualmente as *hudud* ou "penas legais" previstas pelo Alcorão. Inicialmente, debatem sobre a pena de morte. "Não mateis vosso semelhante, que Deus declarou sagrado, a menos que tenhais direito a isso" (Surata XVII, versículo 35). Esse direito é conferido por um princípio semelhante à lei de talião (Surata II, versículo 173), mas o parente da vítima pode perdoar a vida do matador desde que este lhe pague o preço do sangue. Isso significa que a prisão pode substituir a execução. Outro ponto combatido foi o castigo dos adúlteros, punidos com cem chibatadas, mas que é substituído em alguns países pelo apedrejamento, embora tal penalidade não se encontre no Alcorão, como vimos anteriormente. Em terceiro lugar, vem a questão do roubo: "Cortai a mão do ladrão ou da ladra" (Surata V, versículo 38). Essa ordem é tão severa que, mesmo enquanto Maomé ainda vivia, os árabes hesitavam em aplicá-la. Hoje em dia, esse castigo não se encontra em vigor senão em uma minoria de países. Os *fuqaha* explicam que o Islã deve garantir o alimento ao homem e que, caso algum indivíduo se veja obrigado a roubar para se nutrir, é porque foi obrigado a isso por uma sociedade desigual. Para os outros tipos de roubo, eles acreditam que a detenção poderia ser suficiente, mas os conservadores opõem-se a tal opinião.

A Declaração dos Direitos do Homem e do Cidadão, de 1789, continua sendo debatida! No Egito, depois da *Nahda* (Renascimento), no século XIX, ela provocou vivos debates; os conservadores e os progressistas opunham-se a esse tema; o Alcorão deverá ser aplicado literalmente ou deve ser interpretado de modo a se adaptar à evolução do mundo? A adoção pela Assembleia Geral das Nações Unidas, a 10 de dezembro de 1948, da Declaração Universal dos Direitos Humanos atingiu diretamente os costumes e as leis do mundo muçulmano, mesmo que esse texto não seja juridicamente obrigatório. Foi por isso que dois outros textos, Direitos Econômicos e Sociais e Direitos Civis e Políticos, foram adotados em 1976, a fim de torná-los obrigatórios. Os estados muçulmanos votaram em favor deles, mas alguns, principalmente a Arábia Saudita, apresentaram reservas (aliás, o Vaticano também, mas sobre outros pontos) a três artigos: o número 16, que prevê a liberdade de casamento, embora uma muçulmana não tenha o direito de desposar um não muçulmano; o número 17, que reconhece o direito de propriedade, embora, segundo o Alcorão, todas as coisas pertençam a

Deus, e os homens só tenham o seu usufruto; e o número 18, que estipula a liberdade de consciência e especificamente a de mudar de religião, embora o muçulmano que se converta seja considerado praticante do crime de apostasia, passível de pena de morte.

Como reação, o Conselho Islâmico para a Europa proclamou em Paris, a 19 de setembro de 1981, a Declaração Islâmica Universal dos Direitos Humanos, que não tem força de lei. Ainda em 1981, a OCI elaborou uma Declaração Islâmica dos Direitos Humanos, a qual, depois de muitas emendas, acabou por ser adotada pela 19ª sessão da Conferência dos Ministros do Exterior, reunida no Cairo a 5 de agosto de 1990. Os dois textos partilham da mesma filosofia: os direitos de Deus têm prioridade sobre os direitos do homem. Eles retomam a maior parte das noções que figuram na declaração das Nações Unidas, mas limitam seu alcance, afirmando: "Sob a condição de que sejam conformes à lei". Por lei se entende a charia no mundo árabe. Para se impor no mundo muçulmano, a declaração da OCI deveria ser adotada por uma conferência posterior dos chefes de Estado. Ora, em dezembro de 1991, na véspera da Conferência de Cúpula de Dakar, a comissão internacional de juristas, dirigida por um senegalês muçulmano famoso, Adama Dieng, publicou um comentário crítico: "Ao fazer referência de forma sistemática à charia (lei) islâmica, este projeto é, no mínimo, preocupante". Salienta, a seguir, que ele "introduz, em nome da defesa dos direitos humanos, uma discriminação intolerável com relação tanto aos não muçulmanos quanto às mulheres" e ainda que "reveste de um caráter deliberadamente restritivo o exercício de certos direitos e liberdades fundamentais, a tal ponto que alguns de seus dispositivos são mais retrógrados do que as regras de direito já em vigor em vários países muçulmanos". Sublinha, em conclusão, que "em sua condição de um produto da história, a charia islâmica é, segundo a maneira de pensar de diversos juristas muçulmanos, um direito que em pontos essenciais deve ser adaptado às exigências da época, às concepções jurídicas contemporâneas e aos instrumentos jurídicos internacionais". Como resultado deste comentário crítico, a declaração não foi homologada, tendo sido relegada aos arquivos da conferência!

O respeito aos direitos humanos está ligado à aplicação da democracia. Acontece que os países muçulmanos, em sua grande maioria, têm regimes autoritários. Estes justificam a limitação dos direitos individuais, seja com referência ao sistema comunitário tradicional, como no caso das "petromonarquias" do Golfo, seja pela necessidade de reforçar o Estado-nação proclamado às vésperas da obtenção da independência... na década de 1950! Submetidos a pressões internas e internacionais, esses países foram estabelecendo sistemas parlamentares, mas o partido dominante, sempre o herdeiro do partido único, recorre a todo tipo de artifícios (inclusive fraudes eleitorais) para evitar a alternância no poder, um dos pilares da democracia.

O Irã constitui uma experiência interessante. Solicitado por Khomeini a redigir um projeto de constituição para a República Islâmica, o aiatolá iraquiano xiita Baqer Sadr justificou, mediante uma argumentação teológica, o direito do povo a escolher os detentores dos poderes legislativo e executivo mediante o sufrágio universal. Porém, ele sublinha que, nos países ocidentais, "o poder dimana do povo", enquanto no Islã o poder "vem de Deus". Mais adiante, escreveu: "Este direito é conferido por Alá, a verdadeira fonte de todos os poderes, no mesmo sentido em que os califas puderam substituir o Profeta; todo poder é um direito de gerência. Através do exercício do poder, a *ummá* acresce seu sentido de responsabilidade de forma importante, porque ela toma consciência de que tanto dirige a nação quanto se constitui em representante de Deus sobre a Terra". Suas opiniões foram levadas em conta, mas os conservadores limitaram a importância desse artigo, conferindo ao Guia Supremo, eleito apenas pelos religiosos, a proeminência sobre o presidente da república e sobre o Parlamento eleitos pelo povo. Por três vezes, nas eleições presidenciais de 1997, 2001 e 2005, o povo manifestou sua maturidade cívica, recusou o Islã político e confirmou sua opção democrática, mas os mulás conservadores recorreram a artimanhas jurídico-religiosas para ampliar seus poderes e reforçar a teocracia em detrimento da democracia.

Reduzindo autoritariamente o número dos candidatos democratas às eleições presidenciais de 2005, os conservadores provocaram uma grande abstenção (40%), que favoreceu a eleição de Mahmud Ahmadinedjad. Todavia, isso não impediu que no Irã, como em outras nações muçulmanas, as populações fossem tornando-se progressivamente mais bem-informadas graças à escolarização, às rádios e à multiplicação de antenas parabólicas que permitiram captar um número cada vez maior de cadeias de televisão, além da expansão da internet, que favorece a comunicação com o mundo exterior. Perante todos os obstáculos políticos e/ou religiosos, a sociedade civil vem buscando afirmar-se e obter o respeito a seus direitos. Apesar das resistências que existiam antes do 11 de setembro de 2001 e da clivagem que se produziu depois dessa data entre as minorias favoráveis aos métodos de Bin Laden e a grande maioria dos muçulmanos moderados, o movimento pela democratização parece irreversível, mas ainda não é possível dizer quando ou como ele triunfará.

"O Islã é incompatível com uma vida secular?"

Laicidade: sistema social que exclui as igrejas do exercício do poder político ou administrativo e, em particular, da orientação da educação pública.
Petit Larousse Illustré

A laicidade, ou seja, a sociedade civil leiga, é uma noção totalmente estranha ao Islã tradicional. Esta é uma tese que sustentam tanto os ocidentais quanto os tradicionalistas muçulmanos. Mas a mesma coisa não pode ser dita com relação ao judaísmo, sobretudo em Israel, onde os defensores do "partido religioso", com o apoio dos moderados, se opõem aos partidários, ainda uma pequena minoria, da laicidade? No caso da igreja católico-romana, ela lutou ativamente contra a laicização do ensino. Na França, em que o movimento do galicanismo já incitava os reis a desconfiar da tutela de Roma, esta se acomodou a muito custo com a lei republicana de 1905, que separava a Igreja do Estado. Para tomar em consideração a evolução do mundo moderno, o papa João XXIII reuniu o Concílio Vaticano II (1962-1965), que realizou uma série de modificações para proceder a um *aggiornamento*.[15]

A partir do século XIX, os reformadores muçulmanos não cessaram de propor uma atualização das tradições corânicas; porém, por razões históricas e sociais, os muçulmanos têm dificuldade em compreender o que seja a separação da Igreja e do Estado, assim como a das esferas públicas e privadas. Desse modo, no Irã, a dinastia dos Pahlevi, inspirando-se em Attatürk, combateu vigorosamente o partido religioso, procedendo a uma intensiva modernização laicizante que acabou por se voltar contra

---

15. Atualização, modernização. Em italiano no original. (N.T.)

ela, embora isso tenha de fato ocorrido por causa do absolutismo do xá e de seu sistema de funcionalismo eivado de corrupção. Mesmo assim, certas reformas nos campos das artes (cinema, teatro), do esporte e do urbanismo deixaram traços que permanecem até hoje na República Islâmica, entre eles a corrupção. Em outros lugares, podemos destacar interessantes evoluções.

No Egito, em 1925 e 1926, Ali Abderrazak, professor da Universidade de Al Azhar, orientou-se para um certo grau de laicidade, sustentando a tese de que a separação entre o religioso e o político, ou entre a mesquita e o Estado, não era apenas possível como também desejável. Ele foi violentamente criticado e despedido pela direção do estabelecimento. Meio século mais tarde, em seu livro *Laïcité ou islamisme: les arabes à l'heure du choix*, o filósofo e pensador egípcio Fuad Zakariya rejeitou a ideia segundo a qual o Islã era vocacionado para gerir tanto a salvação das almas dos crentes quanto sua vida diária em todos os seus aspectos. Ele sustentou que o Islã "não é nada mais além daquilo que os muçulmanos fazem dele", e que estes últimos deveriam escolher imediatamente entre a solução islamita, fundamentada em um modo de pensar autoritário e anacrônico, e a "opção leiga" dos modernistas que lhes propunham libertar-se dos grilhões que entravavam seu desenvolvimento. O antigo presidente da Liga Tunisiana pelos Direitos Humanos (a primeira fundada no mundo árabe em 1976) e ex-ministro da Educação da Tunísia, Mohamed Charfi, sustentou um ponto de vista análogo em sua obra *Islam et liberté: le malentendu historique*. Em apoio de sua argumentação, ele cita o seguinte versículo do Alcorão: "Somente estás aí para recordar a palavra de Deus. Não tens qualquer autoridade para exercer restrições sobre eles" (Surata LXXXVIII, versículos 21 e 22) ou, segundo uma outra tradução, "Tu não estás encarregado de vigiá-los".

O mal-entendido deriva também do fato de que os tradicionalistas popularizaram uma fórmula segundo a qual o Islã consiste de três Ds, a saber: *Din* (religião), *Dunya* (mundo ou sociedade) e *Daúla* (Estado). O problema é que a palavra *daúla* não se encontra em qualquer ponto do Alcorão. Por outro lado, os modernistas chamam a atenção para o fato de que, mesmo que se aceite que o Islã seja ao mesmo tempo religião e Estado, isso não implica que seja a religião do Estado. Modernamente, os islamitas e os fundamentalistas desejam que a charia seja a única fonte do direito muçulmano, mas se constata que, mesmo nos países em que eles detêm o poder (Arábia Saudita, Irã, alguns dos estados da Nigéria, Paquistão e Sudão), existem diferenças importantes na maneira como a lei islâmica é interpretada e aplicada.

Na prática, Mehemet Ali (1769-1849) foi o primeiro chefe de Estado muçulmano a favorecer a laicidade. Ao aplicar o princípio: "No Egito não existem muçulmanos, judeus e cristãos, mas somente egípcios", ele abriu a porta aos debates teológicos e filosóficos, que continuam até os dias de hoje, em torno dos direitos humanos, da sociedade leiga, da cidadania e, conforme veremos a seguir, da modernidade. Seus sucessores aboliram oficialmente a *dhimma*, o estatuto de proteção do não muçulmano, em nome da igualdade de todos os cidadãos. Após sua independência ser reconhecida pela Grã-Bretanha, a Constituição Monárquica (1922) foi inspirada nos princípios do direito moderno, assim como a Constituição Republicana promulgada por Gamal Abdel Nasser; contudo, seu sucessor, Anwar Sadat (1970-1981), como uma forma de conciliação com os Irmãos Muçulmanos, deixou bem claro que a charia é "uma das fontes do direito", e, mais tarde, uma emenda transformou a redação, tornando-a "a principal fonte do direito".

Mustafá Kemal Attatürk, fundador da Turquia moderna e grande admirador da Europa, foi o único dirigente muçulmano a proclamar oficialmente a laicidade ainda na década de 1920; desde então, os militares defendem esse princípio – algumas vezes brutalmente – contra as ofensivas dos movimentos islamizantes. Contudo, em novembro de 2002, o Partido da Justiça e do Desenvolvimento (AKP, conforme a sigla turca), de tendência islamita moderada, venceu as eleições legislativas e formou um novo governo. O chefe desse partido e novo líder do governo, Recep Tayyip Erdogan, originalmente um islamita radical, proclamou-se a partir de então um "democrata conservador" ou um "democrata muçulmano", à semelhança dos "democratas cristãos" dos países europeus. Ele empreendeu grandes esforços para iniciar as negociações que conduziam à obtenção da entrada da Turquia na União Europeia, à qual era candidata desde 1987; elas foram iniciadas seriamente a 3 de outubro de 2005.

Em sua quase totalidade, os países árabes e muçulmanos estipulam em suas constituições que o Islã é a religião do Estado, mas alguns deles, principalmente a Tunísia e a Síria, praticam de fato um processo de laicização mais ou menos intenso.

Além disso, é impossível ignorar a tradição milenar do sistema comunitário: as comunidades cristãs (católicas ou ortodoxas) e judaicas do Oriente Próximo e do Oriente Médio demonstraram-se igualmente hostis ao estabelecimento de uma sociedade leiga. Cada uma delas possui suas próprias escolas, e o código de estado civil pessoal (casamento, divórcio etc.) é governado pelo ritual da religião a que pertencem, não importa que o cidadão seja praticante ou não praticante. Todavia, essas comunidades minoritárias estão começando a ver no sistema leigo um escudo contra as ofensivas e provocações dos islamitas.

Seja ao nível do debate de ideias, da reflexão teológica e filosófica, da organização do Estado, da vida social cotidiana ou das reivindicações crescentes da sociedade civil, a questão da sociedade leiga faz parte, em sua complexidade, dos desafios que enfrenta o mundo muçulmano e, particularmente, o mundo árabe, tão próximo da Europa, do qual oito países (Argélia, Egito, Jordânia, Líbano, Marrocos, Palestina, Síria e Tunísia) fazem parte da Parceria Euro-Mediterrânea (PEM), criada em Barcelona em novembro de 1995 e fortalecida em 2005, por ocasião de seu décimo aniversário.

"O ISLÃ NÃO CONSEGUE SE INTEGRAR À MODERNIDADE?"

Dentre todas as grandes civilizações do planeta, a comunidade islâmica é aquela que apresentou as maiores restrições à ciência moderna.
Abdus Salam, Prêmio Nobel em Física (1979)

Recordemos inicialmente o sentido das palavras: moderno é aquilo que se faz segundo as técnicas e o gosto contemporâneos, enquanto modernismo é a busca daquilo que é moderno. Por outro lado, modernidade é um estado de espírito que favorece a inovação e a criatividade para conservar-se moderno. Conforme vimos anteriormente, a civilização árabe-muçulmana esteve na linha de frente da modernidade do século VIII ao XIII. Hoje em dia, as "petromonarquias" do Golfo Pérsico dispõem das armas mais sofisticadas e de carros de luxo, mas não possuem a tecnologia nem para projetá-los, nem para fabricá-los. Elas têm orgulho de seus monumentos (mesquitas, palácios, aeroportos) de arquitetura contemporânea, muitas vezes audaciosa, mas os projetos e construções foram encomendados a arquitetos e engenheiros estrangeiros, na maioria europeus, raramente árabes. O príncipe saudita Sultan Ben Salman subiu ao espaço juntamente com o francês Patrick Baudry, em 1985, tornando-se o primeiro astronauta muçulmano da história, mas essa experiência permaneceu sem continuidade.

No que se refere à pesquisa científica e ao desenvolvimento, as realidades são cruéis: em 2002, a União Europeia fixou por objetivo dedicar a essa área 3% do Produto Interno Bruto (PIB), desde essa data até 2010, contra a média então existente de 1,9%; nesse ano, as percentagens iam de 0,68% na Grécia a 2,15% na França e 3,78%

na Suécia, contra 2,35% em Israel, 2,7% nos Estados Unidos e 3% no Japão. Por sua vez, a maioria dos países muçulmanos ignora a pesquisa científica e o desenvolvimento tecnológico, enquanto os restantes só lhe dedicam pequenas percentagens de seu PIB, como 0,4% na Tunísia e 0,5% no Egito; mesmo assim, as somas alocadas oficialmente muitas vezes são distribuídas apenas de forma parcial. Essa situação, a que se acrescenta o autoritarismo de certos governos e/ou os PIBs de níveis muito baixos, é uma das causas do fenômeno denominado "fuga de cérebros". Somente com relação ao Magrebe norte-africano, calcula-se em mais de vinte mil por ano o número de pesquisadores, professores universitários, médicos, engenheiros, profissionais de informática, técnicos qualificados e empresários, entre outros, que deixam seus respectivos países para se instalar na Europa ou nos Estados Unidos, algumas vezes nas "petromonarquias" do Golfo, onde os salários são elevados.

Ao receber o Prêmio Nobel de Física em Estocolmo, na Suécia, em 1979, Abdus Salam (1926-1996) explicou de forma comovente como havia sido encurralado "em uma escolha cruel entre a física e o Paquistão": ou ele permanecia vegetando em seu país por falta de meios técnicos e financeiros, na ausência de um mínimo ambiente científico, ou retornava para Cambridge, na Inglaterra, a fim de continuar a realizar os trabalhos que acabaram por conduzi-lo à glória científica. Paralelamente a suas pesquisas, esse muçulmano praticante tornou-se "um missionário da ciência". Ele viajou para muitos países muçulmanos a fim de explicar o que fora a "idade de ouro" em conformidade com os ensinamentos do Alcorão. Ele buscou também os financiamentos necessários para instalar em Trieste, no nordeste da Itália, um Centro Internacional de Física Teórica (inaugurado em 1964), destinado à pesquisa e à formação de especialistas do Terceiro Mundo. Constatou, com amargura: "O Centro funciona, mas não com verbas enviadas pelos países árabes ou islâmicos, e sim com os subsídios provenientes principalmente das Nações Unidas, da Suécia e da Itália".

Em suas turnês, ele explicava: "O Livro santo salienta a superioridade do *alim*, o homem erudito e inteligente". Ele recordava que apenas 250 versículos do Alcorão eram dedicados à legislação, ao passo que 750, quase um oitavo do livro inteiro, "exortavam os crentes, tanto homens quanto mulheres, a estudar a natureza, a refletir, [...] a considerar a aquisição de conhecimentos e a compreensão da ciência como um elemento essencial da vida comunitária". Salam acrescentava: "O Santo Profeta (que a paz esteja com ele!) recomendou a seus fiéis que buscassem o conhecimento, mesmo que para isso tivessem de viajar até a China". Para esclarecer a frase, pensando nas críticas de seus detratores, acrescentava: "Ao falar da China, é certo que ele pensava mais no saber científico do que em conhecimentos religiosos, ao mesmo tempo em que salientava o caráter internacional das pesquisas científicas". Em um artigo publicado na revista *Nature* em 1984, ele destacava que Israel (então com apenas quatro milhões de habitantes), dispunha de 34.800 cientistas e tinha a previsão de contar com 86.700 (um aumento de mais de 150%) até 1995, ao passo que, segundo os cálculos de seus próprios governos, o mundo muçulmano (na época com um bilhão de pessoas!) só podia dispor de 45.136. Evidentemente, ele não incluía nesse cálculo os vários cérebros expatriados como ele próprio, mas mesmo sua inclusão não conseguiria preencher o fosso entre as duas culturas, que ainda é tão importante no começo do século XXI.

Uma situação desse tipo requer que interroguemos quais sejam suas causas próximas e distantes. Como vimos antes, o fechamento da porta da *ijtihad*, o esforço de pesquisa pessoal, ainda no século XI, produziu graves consequências. Por que, mesmo depois do *Nahda* (Renascimento) egípcio, no século XIX, nenhuma das tentativas para reabri-la obteve êxito? As razões são múltiplas. Vários países muçulmanos estão constantemente envolvidos em guerras, entre elas o conflito árabe-israelense, ou mantêm relações tensas com seus vizinhos, o que os leva a priorizar as despesas militares e as compras de armas. Existe igualmente a questão dos regimes autoritários, mais interessados em se proteger contra uma eventual sublevação popular. Justamente por essa razão, tais governos desconfiam dos pesquisadores, que são favoráveis, por definição, à liberdade de pensamento, ao espírito crítico e aos intercâmbios com seus colegas estrangeiros.

Após as respectivas independências, os países muçulmanos, de modo geral, fizeram um esforço para alfabetizar as crianças, mas seus sistemas de ensino, baseados na aprendizagem decorada, não foram suficientemente modernizados. No que se refere ao mundo árabe, dispomos de estudos críticos efetuados por organismos oficiais, entre eles o publicado pela ALECSO, estabelecida no final da década de 1990, que salientou oito obstáculos ao desenvolvimento cultural, dentre os quais, os mais importantes são: a grande extensão do analfabetismo, a importância demasiada atribuída ao patriotismo, as barreiras administrativas que impedem a livre circulação da cultura entre os diversos países, a interferência dos poderes constituídos sobre a liberdade de pensamento e o peso da propaganda dos governos. A Tunísia é o único país que, por iniciativa de Mohamed Charfi, ministro da Educação entre 1989 e 1994, procedeu à revisão de 250 manuais escolares para sua modernização.

Há uma outra constatação que pode parecer paradoxal: os islamitas conseguem recrutar adeptos mais facilmente nas faculdades de ciências do que nas de letras ou de filosofia. Mais ainda: na universidade religiosa de Al Azhar, no Cairo, e nas universidades dos países da Península Arábica, por exemplo, os dirigentes mostram com grande orgulho o material ultramoderno de seus laboratórios e as bancadas de computadores, mas ninguém fala que são desencorajados ou mesmo proibidos os debates filosóficos e as leituras críticas que causariam o risco de pôr em causa as verdades estabelecidas. Esse modernismo ostensivo que vira as costas à modernidade é, não obstante, compensado pelos "novos pensadores do Islã". Apresentados, em 1996 e 1997, pela revista do Movimento do Cidadão Libanês, a *Al Muaten*, eles praticamente não são conhecidos no Ocidente, salvo por alguns especialistas no mundo árabe e muçulmano.

Um engenheiro sírio, Mohammad Sharur, provocou tempestades com seus livros e artigos, particularmente *Alkitab wa'l-Qur'an: qira'a mu'asira* [*O livro e o Alcorão: uma releitura contemporânea*], em que critica com exatidão os problemas causados para os tradicionalistas pela separação entre a política e a religião. O egípcio Nasser Hamed Abuzeid, professor universitário nascido em 1944, é mais conhecido, porque as redes de comunicação em massa adoraram divulgar a maneira como, em 1996, o Tribunal de Cassação do Cairo, dominado por fundamentalistas, condenou-o por apostasia e declarou-o "divorciado" de sua esposa, com o argumento de que ela não tinha o direito de permanecer casada com o não muçulmano em que ele se havia tornado! O que lhe foi reprovado foi a realização e a publicação de uma análise crítica, histórica e epistemológica do Alcorão e da *sunna*.

Um outro dos "novos pensadores" é Sadek al Nayhum (1937-1995), professor universitário líbio que viveu exilado nos Estados Unidos, na Alemanha, na Finlândia e na Suíça, onde ministrou cursos de religião comparada na Universidade de Genebra. Ele publicou vários livros em francês (que não foram traduzidos), tratando do tema "o Islã e a democracia", depois de também se haver dedicado a uma análise etimológica, semântica e sociológica do Alcorão e a um estudo dos textos de seus comentadores e jurisconsultos. Citaremos, entre outras obras, *La crise d'une culture falsifiée* (1987), *L'Islam emprisonné* (1993), *Islam contre l'islam: une loi de papier* (1994), *La voix des gens, la voix des juriconsultes?* (1995).

Em um estudo sólido e inovador, *Os novos pensadores do islão* (publicado pela Tribuna da História, 2005), Rachid Benzine apresenta, além de Sorouch, Charfi e Abu Zeid, já citados, o francês de origem argelina Mohamed Arkoun (nascido em 1928), o paquistanês Fazlur Rahman (1919-1988), os egípcios Amin al Khuli (1895-1966) e Muhammad Khalafallah (1916-1998) e o sul-africano de origem indo-paquistanesa Farid Esack (nascido em 1957).

No Irã, existe uma efervescência intelectual que na Europa é mencionada apenas ocasionalmente. O mais conhecido desses "novos pensadores" iranianos é Abdulkarim Sorouch, nascido em 1946, o qual, depois de ter sido o ideólogo do regime de Khomeini, tornou-se seu principal contestador, antes mesmo da morte desse aiatolá em 1989. Ele dirige uma revista chamada *Kiyan*, ou "Os valores", em farsi, cuja ideologia é a seguinte: "A religião é um dom de Deus, mas ela é interpretada por homens. Sua interpretação varia de acordo com as épocas e conforme as circunstâncias. [...] É, portanto, legítimo analisar essas interpretações, examinar sua gramática e estudar a sociedade da época em que foram feitas".

O combate das forças conservadoras e reformadoras iranianas tornou-se mais violento a partir de 1999. A 6 de novembro de 2002, explodiu uma situação dramática: um intelectual reconhecido e respeitado, Hashem Aghadjari, antigo combatente pela revolução islâmica e mutilado durante a guerra contra o Iraque (1980-1988), foi condenado à morte pelo tribunal de Hamedan. Ele foi acusado de pregar um "protestantismo muçulmano" e de ir além de Karl Marx no plano político ao declarar: "A religião não é somente o ópio do povo, mas também o ópio do poder". As manifestações em seu favor multiplicaram-se a tal ponto que o guia supremo Ali Khamenei ordenou a revisão do processo.

O que deve ser feito: modernizar o Islã ou islamizar a modernidade? Ambas as abordagens estão sendo aplicadas. A presente aceleração do ritmo da história arrastou o mundo muçulmano, voluntária ou involuntariamente, para o processo da modernização. No momento da globalização, ele terá, sob pena de ser marginalizado, de enfrentar os desafios da modernidade, assim como estão fazendo as demais religiões e as outras civilizações.

CONCLUSÃO

O Islã é a principal religião do mundo?

Os muçulmanos gostam de afirmar que sua religião tornou-se a principal do mundo. [...]
As religiões cristãs, tomadas em seu conjunto, ainda o superam grandemente em número de adeptos, mas...
Nossa História, número dedicado ao Islã, novembro de 1996

A partir da década de 1980, a Liga Islâmica Mundial e vários pregadores afirmavam que havia mais de dois bilhões de muçulmanos, mais que todas as denominações cristãs reunidas e que, em consequência, o Islã tornara-se a principal religião do mundo. Tal como faziam antigamente os católico-romanos, eles utilizaram o argumento dos números para provar a superioridade de sua confissão. Qual é a realidade? Em 1986, de acordo com *L'État des religions dans le monde* (publicação conjunta das editoras La Découverte e Le Cerf, 1987), existiam 18.023.700 judeus, 888.698.000 católicos, 449.852.300 protestantes, 171.489.300 ortodoxos e 837.308.700 muçulmanos. As previsões para o ano 2000 eram de 20.173.600 judeus, 1.132.541.500 católicos, 589.327.000 protestantes, 199.819.000 ortodoxos e 1.200.653.000 muçulmanos. A partir de 2001, pela primeira vez na história, os muçulmanos ultrapassaram o número dos católico-romanos e calcula-se que sejam agora entre 1,3 e 1,5 bilhão, de acordo com a fonte.

Eles representam cerca de 25% da população mundial, mas menos de 10% de sua riqueza total. Os atentados de 11 de setembro de 2001 trouxeram novamente à tona a velha questão: se o mundo muçulmano perdeu o trem do crescimento econômico, essa falha não é devida justamente à sua religião? O economista Daniel Cohen responde negativamente, comparando o PIB por habitante dos Estados vizinhos que apresentam uma confissão religiosa dominante diferente: Senegal, 480 dólares per capita, e Costa do Marfim, 640 dólares; Paquistão, 449 dólares, e Índia, 460 dólares; Tailândia, 2.019 dólares, e Malásia, 4.194 dólares. Segundo esse economista, em cada uma dessas regiões, o progresso obtido por um país deveria provocar o progresso de seus vizinhos.

Uma outra constatação impõe-se: com o peso da Indonésia, do Paquistão e dos países da Ásia Central, o Islã da periferia tornou-se majoritário em relação a seu "centro histórico" árabe. Depois das três primeiras fases de expansão (entre os séculos VII e XVIII), uma quarta fase foi provocada involuntariamente pela revolução industrial e pela colonização europeia durante os séculos XIX e XX. Na realidade, trata-se menos de uma onda que de um fluxo alimentado por conversões coletivas, principalmente na África negra e no Sudeste Asiático. De fato, nos países colonizados que foram parcialmente islamizados, o Islã tornou-se um refúgio da resistência popular, sendo percebido como uma religião do Terceiro Mundo em oposição aos colonizadores do Ocidente cristão. É necessário levar em consideração igualmente as importantes taxas demográficas que caracterizam os países em desenvolvimento em comparação com os países já industrializados. As ações violentas de grupos islâmicos contribuíram para diminuir o ritmo das conversões, mas esse fenômeno foi compensado pelas contribuições financeiras oferecidas sobretudo pela Arábia Saudita. Hoje em dia, considerando uma população que remonta a cerca de 860 milhões, um africano em cada dois é muçulmano, um em quatro é cristão e um em oito é católico-romano.

Essa expansão também se efetua, a partir da Segunda Guerra Mundial, nos "subúrbios do Islã", segundo a expressão cunhada por André Miquel e retomada por Gilles Kepel em um de seus livros. Ainda que a maioria seja formada por trabalhadores não qualificados, não podemos ignorar os imigrantes de nível superior (universitários, pesquisadores, engenheiros, médicos, advogados etc.), cujo número é calculado em mais de vinte mil por ano somente no Magrebe e que se deslocam para a Europa, sobretudo para a França e a Bélgica. Contam-se ainda muito mais muçulmanos oriundos de outras regiões do mundo (Bálcãs, África negra, Oriente Próximo, Turquia, Irã ou Paquistão) que fluem não somente para a Europa, mas igualmente para os Estados Unidos, o Canadá, a América Latina e a Austrália. Na Europa Ocidental, calcula-se que haja mais de quinze milhões de muçulmanos imigrados, naturalizados ou não, dos quais cerca de cinco milhões (principalmente vindos da África do Norte) somente na França; três milhões e duzentos mil (predominantemente turcos ou curdos) na Alemanha; cerca de três milhões (na maioria indo-paquistaneses) na Grã-Bretanha; oitocentos mil na Holanda; mais de setecentos mil (em grande parte marroquinos) na Espanha; cerca de quatrocentos mil (quase todos originários do Magrebe ou turcos) na Bélgica; 350 mil na Suíça; trezentos mil na Grécia. Nos Bálcãs, existem cerca de três milhões na Albânia, outros tantos na Sérvia, dois milhões na Bósnia-Herzegovina, um milhão na Bulgária e duzentos mil na Romênia.

Graças à escolarização, aos métodos anticoncepcionais favorecidos por certos governos, à difusão da televisão e da internet, encontra-se em curso o fenômeno que vem sendo denominado pelos demógrafos de "transição demográfica", isto é, redução da taxa de fertilidade, ocorrendo em graus diversos nos países em desenvolvimento, entre os quais se conta a maioria dos países muçulmanos. Não obstante, levando em consideração a importância de seu povoamento atual e de seu dinamismo demográfico, apesar das diferenças mencionadas, podemos prever que os muçulmanos acabarão por se tornar mais numerosos do que todos os cristãos reunidos e que não estamos muito longe de realmente ver o Islã transformado na principal religião do mundo. Isso também acabará por impor ao Islã um certo número de deveres.

O caráter atroz dos atentados de 11 de setembro e daqueles que se seguiram contribuiu para acelerar uma tomada de consciência em escala mundial. O terrorismo fundamentalista, um fenômeno ultraminoritário do Islã, é mais uma ideologia moderna que se recusa a concorrer com o Ocidente em seu próprio terreno, mas que pretende opor uma sociedade pura, moral e crente em Deus ao materialismo, ao ateísmo e à imoralidade que afirmam ser característicos do Ocidente. É necessário combatê-lo, mas sem por isso opor um maniqueísmo a outro ou um fundamentalismo a outro. Diante da globalização da economia, cabe ao Ocidente, sobretudo aos Estados Unidos, refletir sobre a promoção de uma necessária globalização de solidariedades em favor do desenvolvimento. O que é necessário agora é o favorecimento da paz e do diálogo com os povos de diferentes culturas que compõem, por meio de seus números, a religião que está em vias de se tornar a principal do mundo. No entanto, cabe também a ela encontrar os meios para se religar com sua "idade do ouro" e de finalmente reabrir a porta da *ijtihad*.

Deixemos a responsabilidade da conclusão ao editorial de *Notre Histoire*, sempre atualizado: "Sem a menor dúvida, ainda falta ao Islã o seu Vaticano II, que lhe permitirá abrir algumas janelas e algumas portas (ao mesmo tempo em que fecha outras) e que poderá empregar e fazer progredir as imensas riquezas espirituais e humanas dessa grande religião. Nesse sentido, a presença na Europa de vários muçulmanos bem-integrados e laicizados, ao mesmo tempo em que permanecem tanto crentes quanto praticantes de sua confissão, pode vir a revelar-se positiva para o Islã e conduzi-lo a uma reflexão [...] sobre sua função em um mundo pluralista que tem necessidade de valores espirituais livres de todo fanatismo e de todo sectarismo".

ANEXOS

Glossário

Alá: Deus. O termo também é empregado pelos árabes cristãos.

Aiatolá: título hierárquico mais elevado entre os religiosos xiitas.

Alcorão: ver Corão.

Caaba: santuário dos muçulmanos em Meca.

Chafeísmo: uma das quatro escolas jurídicas ou rituais do sunismo. Dominante no Baixo Egito (norte), mas expandiu-se principalmente pelo mundo não arabófono (África Oriental, Indonésia, Malásia, Tailândia, Filipinas).

Charia: lei islâmica fundamentada nos ensinamentos do Alcorão, a palavra de Deus, a *sunna*, tradição de Maomé, e a *fiqh* ou jurisprudência.

Chiismo, xiismo: segundo cisma do Islã, ocorrido no ano de 657. Divide-se em duas escolas: a dos *duodecimanos* ou *imamitas*, que veneram doze Imãs (o culto oficial do Irã), e os *ismaelitas*, que veneram somente sete. Cerca de 10% dos muçulmanos seguem as doutrinas xiitas.

Corão: o Livro Santo dos muçulmanos, ditado em árabe por Deus a Maomé.

Dhimma, dimá: estatuto que concede proteção aos Povos do Livro (judeus, cristãos, zoroastristas, antigamente aos sabeus), chamados de *dhimmis*.

Fiqh: da raiz árabe para "conhecer" ou "examinar", esse

termo designa o direito muçulmano, elaborado por juristas-teólogos, os *fuqaha* (no singular, *faqih*).

Fuqaha: ver Fiqh.

Hadith: histórias curtas que relatam as palavras, os conselhos e o comportamento de Maomé durante a sua vida; a sua totalidade compõe a *sunna*.

Halal: lícito, permitido. Caracteriza a carne dos animais que foram previamente sangrados de acordo com as prescrições do Alcorão.

Hanafismo: escola jurídica sunita. Esse ritual, o mais liberal de todos, é praticado sobretudo no mundo turcófono.

Hanbalismo: a mais rigorosa dentre as quatro escolas jurídicas sunitas. Esse ritual puritano é praticado sobretudo na Arábia Saudita, sob a forma do *wahabismo*.

Hégira: do árabe *hijra*, "emigração". Qualifica a partida de Maomé de Meca para Medina, em 622, e corresponde ao ano inicial do calendário muçulmano, calculado segundo o ciclo lunar.

Hijab: lenço usado para esconder os cabelos, geralmente negro.

Imã: religioso encarregado de uma mesquita. Empregado com maiúscula, designa os descendentes diretos de Ali, genro do Profeta, venerados pelos xiitas. São onze, porque o 12º foi "oculto" e só retornará no fim dos tempos.

Jihad: esforço feito sobre si mesmo para se aperfeiçoar. Por extensão, a guerra santa.

Kharijismo: do árabe *kharaja*, "sair", nome atribuído ao primeiro cisma do Islã, ocorrido em 657. Os *kharijitas* constituem menos de 1% do total dos muçulmanos.

Malequismo, amalecismo: escola jurídica sunita que dá grande ênfase aos costumes. O ritual dessa escola é praticado sobretudo na região norte-africana do Magrebe.

Mulá: religioso de grau inferior na hierarquia islâmica do Irã.

Oumma: ver Ummá.

Ramadã: o nono mês a partir da hégira e, portanto, o nono mês do calendário muçulmano, consagrado ao jejum do nascer ao pôr do sol.

Shariyah: ver Charia.

Sufismo: misticismo praticado individualmente ou em confrarias.

Sunna, suna: tradição de Maomé; aqueles que apoiam suas crenças sobre ela são os "sunitas", que representam 90% dos muçulmanos existentes no mundo.

Ummá: derivado do árabe *oum, omm*, "mãe", designa a comunidade de todos os muçulmanos; é a "mátria" ou "mãe-pátria" por oposição ao sentido masculino de "pátria".

Xador: palavra iraniana que designa o véu, geralmente negro, que envolve o corpo das mulheres da cabeça aos pés. Em afegão, é chamado de *tchadri* ou *burka*.

Xiitas: ver Chiismo, xiismo.

Wahabismo: ritual inspirado no *hanbalismo* e praticado principalmente na Arábia Saudita. Foi introduzido pelo reformador puritano Mohamad ibn Abdel Wahab (1703-1792).

PARA EXPANDIR SEUS CONHECIMENTOS

A fim de entender a realidade vasta e complexa que é o Islã, um tema a que inumeráveis obras foram dedicadas, parece-nos útil incluir aqui algumas sugestões indispensáveis, entre as quais o leitor curioso poderá escolher antes de levar mais adiante a sua busca de documentação.

Comecemos pelo Alcorão. Existem cerca de quinze traduções para o francês, das quais recomendamos: a de Kazimirski, publicada em 1840 e reeditada pela coleção Classiques Garnier, precedida por uma *Vida de Maomé* e por preciosas notas da autoria de Maxime Rodinson; a de D. Masson (Gallimard, incluída nas coleções Pleiade e Folio), reconhecida pela Universidade Al Azhar, do Cairo; a de Jacques Berque (Sindbad, Paris,1990), inovadora e seguida por um posfácio esclarecedor. Assinalamos também a tradução feita por Si Hamza Boubakeur, antigo reitor da Mesquita de Paris (Fayard).

A vida de Maomé seduziu diversos autores, tanto muçulmanos quanto não muçulmanos. Salientamos *Mahomet*, biografia crítica muito bem-documentada do grande orientalista agnóstico, Maxime Rodinson (Seuil, 1994), e *Prophète de l'Islam*, da autoria do muçulmano praticante Muhammad Hamidullah (Vrin). Citamos ainda o *Mahomet*, de Montgomery Watt (em tradução francesa da Payot, 1989), e *Le Prophète Muhammad*, de Martin Lings (Livres du Seuil, 1986). Também na coleção ilustrada Découvertes da Gallimard (1987), encontramos *Mahomet, la parole d'Allah*, da autoria de Anne-Marie

Delcambre. Sobre a *sunna* recomendamos a obra de Al-Bokhari, *L'Authentique Tradition Musulmane, choix de hadiths* (Sindbad, 1997).

No que se refere a obras de caráter geral concernentes à religião, à história e à civilização islâmicas, salientamos: André Miquel, *L'Islam et sa civilisation, VIIe.-XXe. siècles* (Armand Colin, 8ª edição, 2002), um clássico de mais de quinhentas páginas em formato grande; Juan Vernet, *Ce que la culture doit aux Arabes d'Espagne* (Sindbad, 2000); Ahmed Djebbar, *Une histoire de la science arabe* (Livres du Seuil, 2001); Louis Gardet, *L'Islam, religion et communauté* (Desclée de Brouwer, 1967), um vasto panorama; Henri Laoust, *Les Schismes dans l'Islam* (Payot, 1983), a obra mais completa sobre esse tema pouco conhecido; A. Popovic e G. Veinstein, *Les Ordres mystiques dans l'Islam, cheminement et situation actuelle* (EHESS, 1985), sem rival nessa área; Rachid Benzine, *Les Nouveaux Penseurs de l'Islam* (Albin Michel, 2004), obra inovadora e bem-documentada.

Sobre os componentes do mundo muçulmano, recomendamos: Abdallah Laroui, *L'Histoire du Maghreb* (Maspero, 1983), obra crítica e original; Robert Mantran, *Histoire de la Turquie* (PUF, coleção "Que sais-je?", 1993), livro coletivo: *L'Islan en Indonésie, le monde insulindien* (CNRS/INALCO, 1985), o mais completo sobre esse assunto; Vincent Monteil, *L'Islam noir* (Éditions du Seuil, 1980) e *Aux cinq couleurs de l'Islam* (Maisonneuve et Larose, 1989), dois clássicos; Xavier de Planhol, *Minorités en Islam, géographie politique et sociale* (Flammarion, 2001), o livro mais completo sobre esse assunto.

Os problemas da sociedade islâmica: incluímos aqui algumas obras com abordagens complementares. Mulheres e Sexualidade: Malek Chebel, *L'Encyclopédie de l'amour en Islam* (Payot, 1995); Fátima Mernissi, *Sultanes oubliées. Femmes chefs d'État en Islam* (Albin Michel, 1990); Magali Morsy, *Les Femmes du Prophète*

(Mercure de France, 1989); Isabel Taboada Leonetti (org.), *Les Femmes et l'Islam. Entre modernité et intégrisme* (L'Harmattan, 2004). Islamismo: Antoine Sfeir, *Les Réseaux d'Allah* (Plon, 2001); Bruno Étienne, *L'Islamisme radical* (Hachette, 1987); Gilles Kepel, *Jihad: expansion et déclin de l'islamisme* (Gallimard, 2003); Gilles Kepel, *Fitna, la guerre au coeur de l'Islam* (Gallimard, 2004); Olivier Roy, *L'Islam mondialisé* (Livres du Seuil, 2004); Alain Bauer e Xavier Raufer, *L'Énigme Al-Qaida* (J.-C. Lattès, 2005); Jason Burke, *Al-Qaida, la véritable histoire de l'Islam radical* (tradução francesa da La Découverte, 2005). A modernidade e a sociedade leiga: Mohamed Charfi, *Islam et liberté. Le malentendu historique* (Albin Michel, 1998); Jacques Vauthier, *Abdus Salam, um physicien* (Beauchesne, 1990); Fouad Zakariya, *Laïcité ou islamisme. Les Arabes à l'heure du choix* (La Découverte, 1989); Alain Gresh, *L'Islam, la Republique et le monde* (Fayard, 2004).

Coleção **L&PM** POCKET (lançamentos mais recentes)

39. **O rei Lear** – Shakespeare
40. **Memórias póstumas de Brás Cubas** – M. de Assis
41. **Que loucura!** – Woody Allen
42. **O duelo** – Casanova
44. **Gentidades** – Darcy Ribeiro
45. **Mem. de um Sarg. de Milícias** – M. A. de Almeida
46. **Os escravos** – Castro Alves
47. **O desejo pego pelo rabo** – Pablo Picasso
48. **Os inimigos** – Máximo Gorki
49. **O colar de veludo** – Alexandre Dumas
50. **Livro dos bichos** – Vários
51. **Quincas Borba** – Machado de Assis
53. **O exército de um homem só** – Moacyr Scliar
54. **Frankenstein** – Mary Shelley
55. **Dom Segundo Sombra** – Ricardo Güiraldes
56. **De vagões e vagabundos** – Jack London
57. **O homem bicentenário** – Isaac Asimov
58. **A viuvinha** – José de Alencar
59. **Livro das cortesãs** – org. de Sergio Faraco
60. **Últimos poemas** – Pablo Neruda
61. **A moreninha** – Joaquim Manuel de Macedo
62. **Cinco minutos** – José de Alencar
63. **Saber envelhecer e a amizade** – Cícero
64. **Enquanto a noite não chega** – J. Guimarães
65. **Tufão** – Joseph Conrad
66. **Aurélia** – Gérard de Nerval
67. **I-Juca-Pirama** – Gonçalves Dias
68. **Fábulas** – Esopo
69. **Teresa Filósofa** – Anônimo do Séc. XVIII
70. **Avent. inéditas de Sherlock Holmes** – A. C. Doyle
71. **Quintana de bolso** – Mario Quintana
72. **Antes e depois** – Paul Gauguin
73. **A morte de Olivier Bécaille** – Émile Zola
74. **Iracema** – José de Alencar
75. **Iaiá Garcia** – Machado de Assis
76. **Utopia** – Tomás Morus
77. **Sonetos para amar o amor** – Camões
78. **Carmem** – Prosper Mérimée
79. **Senhora** – José de Alencar
80. **Hagar, o horrível 1** – Dik Browne
81. **O coração das trevas** – Joseph Conrad
82. **Um estudo em vermelho** – Arthur Conan Doyle
83. **Todos os sonetos** – Augusto dos Anjos
84. **A propriedade é um roubo** – P.-J. Proudhon
85. **Drácula** – Bram Stoker
86. **O marido complacente** – Sade
87. **De profundis** – Oscar Wilde
88. **Sem plumas** – Woody Allen
89. **Os bruzundangas** – Lima Barreto
90. **O cão dos Baskervilles** – Arthur Conan Doyle
91. **Paraísos artificiais** – Charles Baudelaire
92. **Cândido, ou o otimismo** – Voltaire
93. **Triste fim de Policarpo Quaresma** – Lima Barreto
94. **Amor de perdição** – Camilo Castelo Branco
95. **A megera domada** – Shakespeare / trad. Millôr
96. **O mulato** – Aluísio Azevedo
97. **O alienista** – Machado de Assis
98. **O livro dos sonhos** – Jack Kerouac
99. **Noite na taverna** – Álvares de Azevedo
100. **Aura** – Carlos Fuentes
102. **Contos gauchescos e Lendas do sul** – Simões Lopes Neto
103. **O cortiço** – Aluísio Azevedo
104. **Marília de Dirceu** – T. A. Gonzaga
105. **O Primo Basílio** – Eça de Queiroz
106. **O ateneu** – Raul Pompéia
107. **Um escândalo na Boêmia** – Arthur Conan Doyle
108. **Contos** – Machado de Assis
109. **200 Sonetos** – Luis Vaz de Camões
110. **O príncipe** – Maquiavel
111. **A escrava Isaura** – Bernardo Guimarães
112. **O solteirão nobre** – Conan Doyle
114. **Shakespeare de A a Z** – Shakespeare
115. **A relíquia** – Eça de Queiroz
117. **Livro do corpo** – Vários
118. **Lira dos 20 anos** – Álvares de Azevedo
119. **Esaú e Jacó** – Machado de Assis
120. **A barcarola** – Pablo Neruda
121. **Os conquistadores** – Júlio Verne
122. **Contos breves** – G. Apollinaire
123. **Taipi** – Herman Melville
124. **Livro dos desaforos** – org. de Sergio Faraco
125. **A mão e a luva** – Machado de Assis
126. **Doutor Miragem** – Moacyr Scliar
127. **O penitente** – Isaac B. Singer
128. **Diários da descoberta da América** – C. Colombo
129. **Édipo Rei** – Sófocles
130. **Romeu e Julieta** – Shakespeare
131. **Hollywood** – Charles Bukowski
132. **Billy the Kid** – Pat Garrett
133. **Cuca fundida** – Woody Allen
134. **O jogador** – Dostoiévski
135. **O livro da selva** – Rudyard Kipling
136. **O vale do terror** – Arthur Conan Doyle
137. **Dançar tango em Porto Alegre** – S. Faraco
138. **O gaúcho** – Carlos Reverbel
139. **A volta ao mundo em oitenta dias** – J. Verne
140. **O livro dos esnobes** – W. M. Thackeray
141. **Amor & morte em Poodle Springs** – Raymond Chandler & R. Parker
142. **As aventuras de David Balfour** – Stevenson
143. **Alice no país das maravilhas** – Lewis Carroll
144. **A ressurreição** – Machado de Assis
145. **Inimigos, uma história de amor** – I. Singer
146. **O Guarani** – José de Alencar
147. **A cidade e as serras** – Eça de Queiroz
148. **Eu e outras poesias** – Augusto dos Anjos
149. **A mulher de trinta anos** – Balzac
150. **Pomba enamorada** – Lygia F. Telles
151. **Contos fluminenses** – Machado de Assis
152. **Antes de Adão** – Jack London
153. **Intervalo amoroso** – A. Romano de Sant'Anna
154. **Memorial de Aires** – Machado de Assis
155. **Naufrágios e comentários** – Cabeza de Vaca
156. **Ubirajara** – José de Alencar
157. **Textos anarquistas** – Bakunin
159. **Amor de salvação** – Camilo Castelo Branco
160. **O gaúcho** – José de Alencar
161. **O livro das maravilhas** – Marco Polo
162. **Inocência** – Visconde de Taunay

163. **Helena** – Machado de Assis
164. **Uma estação de amor** – Horácio Quiroga
165. **Poesia reunida** – Martha Medeiros
166. **Memórias de Sherlock Holmes** – Conan Doyle
167. **A vida de Mozart** – Stendhal
168. **O primeiro terço** – Neal Cassady
169. **O mandarim** – Eça de Queiroz
170. **Um espinho de marfim** – Marina Colasanti
171. **A ilustre Casa de Ramires** – Eça de Queiroz
172. **Lucíola** – José de Alencar
173. **Antígona** – Sófocles – trad. Donaldo Schüler
174. **Otelo** – William Shakespeare
175. **Antologia** – Gregório de Matos
176. **A liberdade de imprensa** – Karl Marx
177. **Casa de pensão** – Aluísio Azevedo
178. **São Manuel Bueno, Mártir** – Unamuno
179. **Primaveras** – Casimiro de Abreu
180. **O noviço** – Martins Pena
181. **O sertanejo** – José de Alencar
182. **Eurico, o presbítero** – Alexandre Herculano
183. **O signo dos quatro** – Conan Doyle
184. **Sete anos no Tibet** – Heinrich Harrer
185. **Vagamundo** – Eduardo Galeano
186. **De repente acidentes** – Carl Solomon
187. **As minas de Salomão** – Rider Haggar
188. **Uivo** – Allen Ginsberg
189. **A ciclista solitária** – Conan Doyle
190. **Os seis bustos de Napoleão** – Conan Doyle
191. **Cortejo do divino** – Nelida Piñon
194. **Os crimes do amor** – Marquês de Sade
195. **Besame Mucho** – Mário Prata
196. **Tuareg** – Alberto Vázquez-Figueroa
197. **O longo adeus** – Raymond Chandler
199. **Notas de um velho safado** – C. Bukowski
200. **111 ais** – Dalton Trevisan
201. **O nariz** – Nicolai Gogol
202. **O capote** – Nicolai Gogol
203. **Macbeth** – William Shakespeare
204. **Heráclito** – Donaldo Schüler
205. **Você deve desistir, Osvaldo** – Cyro Martins
206. **Memórias de Garibaldi** – A. Dumas
207. **A arte da guerra** – Sun Tzu
208. **Fragmentos** – Caio Fernando Abreu
209. **Festa no castelo** – Moacyr Scliar
210. **O grande deflorador** – Dalton Trevisan
212. **Homem do príncipio ao fim** – Millôr Fernandes
213. **Aline e seus dois namorados (1)** – A. Iturrussgarai
214. **A juba do leão** – Sir Arthur Conan Doyle
215. **Assassino metido a esperto** – R. Chandler
216. **Confissões de um comedor de ópio** – T. De Quincey
217. **Os sofrimentos do jovem Werther** – Goethe
218. **Fedra** – Racine / Trad. Millôr Fernandes
219. **O vampiro de Sussex** – Conan Doyle
220. **Sonho de uma noite de verão** – Shakespeare
221. **Dias e noites de amor e de guerra** – Galeano
222. **O Profeta** – Khalil Gibran
223. **Flávia, cabeça, tronco e membros** – M. Fernandes
224. **Guia da ópera** – Jeanne Suhamy
225. **Macário** – Álvares de Azevedo
226. **Etiqueta na prática** – Celia Ribeiro
227. **Manifesto do partido comunista** – Marx & Engels
228. **Poemas** – Millôr Fernandes
229. **Um inimigo do povo** – Henrik Ibsen
230. **O paraíso destruído** – Frei B. de las Casas
231. **O gato no escuro** – Josué Guimarães
232. **O mágico de Oz** – L. Frank Baum
233. **Armas no Cyrano's** – Raymond Chandler
234. **Max e os felinos** – Moacyr Scliar
235. **Nos céus de Paris** – Alcy Cheuiche
236. **Os bandoleiros** – Schiller
237. **A primeira coisa que eu botei na boca** – Deonísio da Silva
238. **As aventuras de Simbad, o marújo**
239. **O retrato de Dorian Gray** – Oscar Wilde
240. **A carteira de meu tio** – J. Manuel de Macedo
241. **A luneta mágica** – J. Manuel de Macedo
242. **A metamorfose** – Kafka
243. **A flecha de ouro** – Joseph Conrad
244. **A ilha do tesouro** – R. L. Stevenson
245. **Marx - Vida & Obra** – José A. Giannotti
246. **Gênesis**
247. **Unidos para sempre** – Ruth Rendell
248. **A arte de amar** – Ovídio
249. **O sono eterno** – Raymond Chandler
250. **Novas receitas do Anonymus Gourmet** – J.A.P.M.
251. **A nova catacumba** – Arthur Conan Doyle
252. **Dr. Negro** – Arthur Conan Doyle
253. **Os voluntários** – Moacyr Scliar
254. **A bela adormecida** – Irmãos Grimm
255. **O príncipe sapo** – Irmãos Grimm
256. **Confissões e Memórias** – H. Heine
257. **Viva o Alegrete** – Sergio Faraco
258. **Vou estar esperando** – R. Chandler
259. **A senhora Beate e seu filho** – Schnitzler
260. **O ovo apunhalado** – Caio Fernando Abreu
261. **O ciclo das águas** – Moacyr Scliar
262. **Millôr Definitivo** – Millôr Fernandes
264. **Viagem ao centro da Terra** – Júlio Verne
265. **A dama do lago** – Raymond Chandler
266. **Caninos brancos** – Jack London
267. **O médico e o monstro** – R. L. Stevenson
268. **A tempestade** – William Shakespeare
269. **Assassinatos na rua Morgue** – E. Allan Poe
270. **99 corruíras nanicas** – Dalton Trevisan
271. **Broquéis** – Cruz e Sousa
272. **Mês de cães danados** – Moacyr Scliar
273. **Anarquistas – vol. 1 – A idéia** – G. Woodcock
274. **Anarquistas – vol. 2 – O movimento** – G. Woodcock
275. **Pai e filho, filho e pai** – Moacyr Scliar
276. **As aventuras de Tom Sawyer** – Mark Twain
277. **Muito barulho por nada** – W. Shakespeare
278. **Elogio da loucura** – Erasmo
279. **Autobiografia de Alice B. Toklas** – G. Stein
280. **O chamado da floresta** – J. London
281. **Uma agulha para o diabo** – Ruth Rendell
282. **Verdes vales do fim do mundo** – A. Bivar
283. **Ovelhas negras** – Caio Fernando Abreu
284. **O fantasma de Canterville** – O. Wilde
285. **Receitas de Yayá Ribeiro** – Celia Ribeiro
286. **A galinha degolada** – H. Quiroga
287. **O último adeus de Sherlock Holmes** – A. Conan Doyle
288. **A. Gourmet *em* Histórias de cama & mesa** – J. A. Pinheiro Machado
289. **Topless** – Martha Medeiros
290. **Mais receitas do Anonymus Gourmet** – J. A. Pinheiro Machado
291. **Origens do discurso democrático** – D. Schüler

292. **Humor politicamente incorreto** – Nani
293. **O teatro do bem e do mal** – E. Galeano
294. **Garibaldi & Manoela** – J. Guimarães
295. **10 dias que abalaram o mundo** – John Reed
296. **Numa fria** – Charles Bukowski
297. **Poesia de Florbela Espanca** vol. 1
298. **Poesia de Florbela Espanca** vol. 2
299. **Escreva certo** – E. Oliveira e M. E. Bernd
300. **O vermelho e o negro** – Stendhal
301. **Ecce homo** – Friedrich Nietzsche
302(7). **Comer bem, sem culpa** – Dr. Fernando Lucchese, A. Gourmet e Iotti
303. **O livro de Cesário Verde** – Cesário Verde
305. **100 receitas de macarrão** – S. Lancellotti
306. **160 receitas de molhos** – S. Lancellotti
307. **100 receitas light** – H. e Â. Tonetto
308. **100 receitas de sobremesas** – Celia Ribeiro
309. **Mais de 100 dicas de churrasco** – Leon Diziekaniak
310. **100 receitas de acompanhamentos** – C. Cabeda
311. **Honra ou vendetta** – S. Lancellotti
312. **A alma do homem sob o socialismo** – Oscar Wilde
313. **Tudo sobre Yôga** – Mestre De Rose
314. **Os varões assinalados** – Tabajara Ruas
315. **Édipo em Colono** – Sófocles
316. **Lisístrata** – Aristófanes / trad. Millôr
317. **Sonhos de Bunker Hill** – John Fante
318. **Os deuses de Raquel** – Moacyr Scliar
319. **O colosso de Marússia** – Henry Miller
320. **As eruditas** – Molière / trad. Millôr
321. **Radicci 1** – Iotti
322. **Os Sete contra Tebas** – Ésquilo
323. **Brasil Terra à vista** – Eduardo Bueno
324. **Radicci 2** – Iotti
325. **Júlio César** – William Shakespeare
326. **A carta de Pero Vaz de Caminha**
327. **Cozinha Clássica** – Sílvio Lancellotti
328. **Madame Bovary** – Gustave Flaubert
329. **Dicionário do viajante insólito** – M. Scliar
330. **O capitão saiu para o almoço...** – Bukowski
331. **A carta roubada** – Edgar Allan Poe
332. **É tarde para saber** – Josué Guimarães
333. **O livro de bolso da Astrologia** – Maggy Harrisonx e Mellina Li
334. **1933 foi um ano ruim** – John Fante
335. **100 receitas de arroz** – Aninha Comas
336. **Guia prático do Português correto – vol. 1** – Cláudio Moreno
337. **Bartleby, o escriturário** – H. Melville
338. **Enterrem meu coração na curva do rio** – Dee Brown
339. **Um conto de Natal** – Charles Dickens
340. **Cozinha sem segredos** – J. A. P. Machado
341. **A dama das Camélias** – A. Dumas Filho
342. **Alimentação saudável** – H. e Â. Tonetto
343. **Continhos galantes** – Dalton Trevisan
344. **A Divina Comédia** – Dante Alighieri
345. **A Dupla Sertanojo** – Santiago
346. **Cavalos do amanhecer** – Mario Arregui
347. **Biografia de Vincent van Gogh por sua cunhada** – Jo van Gogh-Bonger
348. **Radicci 3** – Iotti
349. **Nada de novo no front** – E. M. Remarque
350. **A hora dos assassinos** – Henry Miller
351. **Flush - Memórias de um cão** – Virginia Woolf
352. **A guerra no Bom Fim** – M. Scliar
353(1). **O caso Saint-Fiacre** – Simenon
354(2). **Morte na alta sociedade** – Simenon
355(3). **O cão amarelo** – Simenon
356(4). **Maigret e o homem do banco** – Simenon
357. **As uvas e o vento** – Pablo Neruda
358. **On the road** – Jack Kerouac
359. **O coração amarelo** – Pablo Neruda
360. **Livro das perguntas** – Pablo Neruda
361. **Noite de Reis** – William Shakespeare
362. **Manual de Ecologia** – vol.1 – J. Lutzenberger
363. **O mais longo dos dias** – Cornelius Ryan
364. **Foi bom prá você?** – Nani
365. **Crepusculário** – Pablo Neruda
366. **A comédia dos erros** – Shakespeare
367(5). **A primeira investigação de Maigret** – Simenon
368(6). **As férias de Maigret** – Simenon
369. **Mate-me por favor (vol.1)** – L. McNeil
370. **Mate-me por favor (vol.2)** – L. McNeil
371. **Carta ao pai** – Kafka
372. **Os vagabundos iluminados** – J. Kerouac
373(7). **O enforcado** – Simenon
374(8). **A fúria de Maigret** – Simenon
375. **Vargas, uma biografia política** – H. Silva
376. **Poesia reunida (vol.1)** – A. R. de Sant'Anna
377. **Poesia reunida (vol.2)** – A. R. de Sant'Anna
378. **Alice no país do espelho** – Lewis Carroll
379. **Residência na Terra 1** – Pablo Neruda
380. **Residência na Terra 2** – Pablo Neruda
381. **Terceira Residência** – Pablo Neruda
382. **O delírio amoroso** – Bocage
383. **Futebol ao sol e à sombra** – E. Galeano
384(9). **O porto das brumas** – Simenon
385(10). **Maigret e seu morto** – Simenon
386. **Radicci 4** – Iotti
387. **Boas maneiras & sucesso nos negócios** – Celia Ribeiro
388. **Uma história Farroupilha** – M. Scliar
389. **Na mesa ninguém envelhece** – J. A. P. Machado
390. **200 receitas inéditas do Anonymus Gourmet** – J. A. Pinheiro Machado
391. **Guia prático do Português correto – vol.2** – Cláudio Moreno
392. **Breviário das terras do Brasil** – Assis Brasil
393. **Cantos Cerimoniais** – Pablo Neruda
394. **Jardim de Inverno** – Pablo Neruda
395. **Antonio e Cleópatra** – William Shakespeare
396. **Tróia** – Cláudio Moreno
397. **Meu tio matou um cara** – Jorge Furtado
398. **O anatomista** – Federico Andahazi
399. **As viagens de Gulliver** – Jonathan Swift
400. **Dom Quixote** – (v. 1) – Miguel de Cervantes
401. **Dom Quixote** – (v. 2) – Miguel de Cervantes
402. **Sozinho no Pólo Norte** – Thomaz Brandolin
403. **Matadouro 5** – Kurt Vonnegut
404. **Delta de Vênus** – Anaïs Nin
405. **O melhor de Hagar 2** – Dik Browne
406. **É grave Doutor?** – Nani
407. **Orai pornô** – Nani
408(11). **Maigret em Nova York** – Simenon
409(12). **O assassino sem rosto** – Simenon
410(13). **O mistério das jóias roubadas** – Simenon
411. **A irmãzinha** – Raymond Chandler

412. **Três contos** – Gustave Flaubert
413. **De ratos e homens** – John Steinbeck
414. **Lazarilho de Tormes** – Anônimo do séc. XVI
415. **Triângulo das águas** – Caio Fernando Abreu
416. **100 receitas de carnes** – Sílvio Lancellotti
417. **Histórias de robôs:** vol. 1 – org. Isaac Asimov
418. **Histórias de robôs:** vol. 2 – org. Isaac Asimov
419. **Histórias de robôs:** vol. 3 – org. Isaac Asimov
420. **O país dos centauros** – Tabajara Ruas
421. **A república de Anita** – Tabajara Ruas
422. **A carga dos lanceiros** – Tabajara Ruas
423. **Um amigo de Kafka** – Isaac Singer
424. **As alegres matronas de Windsor** – Shakespeare
425. **Amor e exílio** – Isaac Bashevis Singer
426. **Use & abuse do seu signo** – Marília Fiorillo e Marylou Simonsen
427. **Pigmaleão** – Bernard Shaw
428. **As fenícias** – Eurípides
429. **Everest** – Thomaz Brandolin
430. **A arte de furtar** – Anônimo do séc. XVI
431. **Billy Bud** – Herman Melville
432. **A rosa separada** – Pablo Neruda
433. **Elegia** – Pablo Neruda
434. **A garota de Cassidy** – David Goodis
435. **Como fazer a guerra: máximas de Napoleão** – Balzac
436. **Poemas escolhidos** – Emily Dickinson
437. **Gracias por el fuego** – Mario Benedetti
438. **O sofá** – Crébillon Fils
439. **O "Martín Fierro"** – Jorge Luis Borges
440. **Trabalhos de amor perdidos** – W. Shakespeare
441. **O melhor de Hagar 3** – Dik Browne
442. **Os Maias (volume1)** – Eça de Queiroz
443. **Os Maias (volume2)** – Eça de Queiroz
444. **Anti-Justine** – Restif de La Bretonne
445. **Juventude** – Joseph Conrad
446. **Contos** – Eça de Queiroz
447. **Janela para a morte** – Raymond Chandler
448. **Um amor de Swann** – Marcel Proust
449. **À paz perpétua** – Immanuel Kant
450. **A conquista do México** – Hernan Cortez
451. **Defeitos escolhidos e 2000** – Pablo Neruda
452. **O casamento do céu e do inferno** – William Blake
453. **A primeira viagem ao redor do mundo** – Antonio Pigafetta
454. (14). **Uma sombra na janela** – Simenon
455. (15). **A noite da encruzilhada** – Simenon
456. (16). **A velha senhora** – Simenon
457. **Sartre** – Annie Cohen-Solal
458. **Discurso do método** – René Descartes
459. **Garfield em grande forma (1)** – Jim Davis
460. **Garfield está de dieta** (2) – Jim Davis
461. **O livro das feras** – Patricia Highsmith
462. **Viajante solitário** – Jack Kerouac
463. **Auto da barca do inferno** – Gil Vicente
464. **O livro vermelho dos pensamentos de Millôr** – Millôr Fernandes
465. **O livro dos abraços** – Eduardo Galeano
466. **Voltaremos!** – José Antonio Pinheiro Machado
467. **Rango** – Edgar Vasques
468. (8). **Dieta mediterrânea** – Dr. Fernando Lucchese e José Antonio Pinheiro Machado
469. **Radicci 5** – Iotti
470. **Pequenos pássaros** – Anaïs Nin
471. **Guia prático do Português correto – vol.3** – Cláudio Moreno
472. **Atire no pianista** – David Goodis
473. **Antologia Poética** – García Lorca
474. **Alexandre e César** – Plutarco
475. **Uma espiã na casa do amor** – Anaïs Nin
476. **A gorda do Tiki Bar** – Dalton Trevisan
477. **Garfield um gato de peso (3)** – Jim Davis
478. **Canibais** – David Coimbra
479. **A arte de escrever** – Arthur Schopenhauer
480. **Pinóquio** – Carlo Collodi
481. **Misto-quente** – Charles Bukowski
482. **A lua na sarjeta** – David Goodis
483. **O melhor do Recruta Zero (1)** – Mort Walker
484. **Aline: TPM – tensão pré-monstrual (2)** – Adão Iturrusgarai
485. **Sermões do Padre Antonio Vieira**
486. **Garfield numa boa (4)** – Jim Davis
487. **Mensagem** – Fernando Pessoa
488. **Vendeta** *seguido de* **A paz conjugal** – Balzac
489. **Poemas de Alberto Caeiro** – Fernando Pessoa
490. **Ferragus** – Honoré de Balzac
491. **A duquesa de Langeais** – Honoré de Balzac
492. **A menina dos olhos de ouro** – Honoré de Balzac
493. **O lírio do vale** – Honoré de Balzac
494. (17). **A barcaça da morte** – Simenon
495. (18). **As testemunhas rebeldes** – Simenon
496. (19). **Um engano de Maigret** – Simenon
497. (1). **A noite das bruxas** – Agatha Christie
498. (2). **Um passe de mágica** – Agatha Christie
499. (3). **Nêmesis** – Agatha Christie
500. **Esboço para uma teoria das emoções** – Sartre
501. **Renda básica de cidadania** – Eduardo Suplicy
502. (1). **Pílulas para viver melhor** – Dr. Lucchese
503. (2). **Pílulas para prolongar a juventude** – Dr. Lucchese
504. (3). **Desembarcando o diabetes** – Dr. Lucchese
505. (4). **Desembarcando o sedentarismo** – Dr. Fernando Lucchese e Cláudio Castro
506. (5). **Desembarcando a hipertensão** – Dr. Lucchese
507. (6). **Desembarcando o colesterol** – Dr. Fernando Lucchese e Fernanda Lucchese
508. **Estudos de mulher** – Balzac
509. **O terceiro tira** – Flann O'Brien
510. **100 receitas de aves e ovos** – J. A. P. Machado
511. **Garfield em toneladas de diversão (5)** – Jim Davis
512. **Trem-bala** – Martha Medeiros
513. **Os cães ladram** – Truman Capote
514. **O Kama Sutra de Vatsyayana**
515. **O crime do Padre Amaro** – Eça de Queiroz
516. **Odes de Ricardo Reis** – Fernando Pessoa
517. **O inverno da nossa desesperança** – Steinbeck
518. **Piratas do Tietê (1)** – Laerte
519. **Rê Bordosa: do começo ao fim** – Angeli
520. **O Harlem é escuro** – Chester Himes
521. **Café-da-manhã dos campeões** – Kurt Vonnegut
522. **Eugénie Grandet** – Balzac
523. **O último magnata** – F. Scott Fitzgerald
524. **Carol** – Patricia Highsmith
525. **100 receitas de patisserie** – Sílvio Lancellotti
526. **O fator humano** – Graham Greene
527. **Tristessa** – Jack Kerouac

528. **O diamante do tamanho do Ritz** – S. Fitzgerald
529. **As melhores histórias de Sherlock Holmes** – Arthur Conan Doyle
530. **Cartas a um jovem poeta** – Rilke
531(20). **Memórias de Maigret** – Simenon
532(4). **O misterioso sr. Quin** – Agatha Christie
533. **Os analectos** – Confúcio
534(21). **Maigret e os homens de bem** – Simenon
535(22). **O medo de Maigret** – Simenon
536. **Ascensão e queda de César Birotteau** – Balzac
537. **Sexta-feira negra** – David Goodis
538. **Ora bolas – O humor de Mario Quintana** – Juarez Fonseca
539. **Longe daqui aqui mesmo** – Antonio Bivar
540(5). **É fácil matar** – Agatha Christie
541. **O pai Goriot** – Balzac
542. **Brasil, um país do futuro** – Stefan Zweig
543. **O processo** – Kafka
544. **O melhor de Hagar 4** – Dik Browne
545(6). **Por que não pediram a Evans?** – Agatha Christie
546. **Fanny Hill** – John Cleland
547. **O gato por dentro** – William S. Burroughs
548. **Sobre a brevidade da vida** – Sêneca
549. **Geraldão (1)** – Glauco
550. **Piratas do Tietê (2)** – Laerte
551. **Pagando o pato** – Ciça
552. **Garfield de bom humor (6)** – Jim Davis
553. **Conhece o Mário?** vol.1 – Santiago
554. **Radicci 6** – Iotti
555. **Os subterrâneos** – Jack Kerouac
556(1). **Balzac** – François Taillandier
557(2). **Modigliani** – Christian Parisot
558(3). **Kafka** – Gérard-Georges Lemaire
559(4). **Júlio César** – Joël Schmidt
560. **Receitas da família** – J. A. Pinheiro Machado
561. **Boas maneiras à mesa** – Celia Ribeiro
562(9). **Filhos sadios, pais felizes** – R. Pagnoncelli
563(10). **Fatos & mitos** – Dr. Fernando Lucchese
564. **Ménage à trois** – Paula Taitelbaum
565. **Mulheres!** – David Coimbra
566. **Poemas de Álvaro de Campos** – Fernando Pessoa
567. **Medo e outras histórias** – Stefan Zweig
568. **Snoopy e sua turma (1)** – Schulz
569. **Piadas para sempre (1)** – Visconde da Casa Verde
570. **O alvo móvel** – Ross Macdonald
571. **O melhor do Recruta Zero (2)** – Mort Walker
572. **Um sonho americano** – Norman Mailer
573. **Os broncos também amam** – Angeli
574. **Crônica de um amor louco** – Bukowski
575(5). **Freud** – René Major e Chantal Talagrand
576(6). **Picasso** – Gilles Plazy
577(7). **Gandhi** – Christine Jordis
578. **A tumba** – H. P. Lovecraft
579. **O príncipe e o mendigo** – Mark Twain
580. **Garfield, um charme de gato (7)** – Jim Davis
581. **Ilusões perdidas** – Balzac
582. **Esplendores e misérias das cortesãs** – Balzac
583. **Walter Ego** – Angeli
584. **Striptiras (1)** – Laerte
585. **Fagundes: um puxa-saco de mão cheia** – Laerte
586. **Depois do último trem** – Josué Guimarães
587. **Ricardo III** – Shakespeare
588. **Dona Anja** – Josué Guimarães
589. **24 horas na vida de uma mulher** – Stefan Zweig
590. **O terceiro homem** – Graham Greene
591. **Mulher no escuro** – Dashiell Hammett
592. **No que acredito** – Bertrand Russell
593. **Odisséia (1): Telemaquia** – Homero
594. **O cavalo cego** – Josué Guimarães
595. **Henrique V** – Shakespeare
596. **Fabulário geral do delírio cotidiano** – Bukowski
597. **Tiros na noite 1: A mulher do bandido** – Dashiell Hammett
598. **Snoopy em Feliz Dia dos Namorados! (2)** – Schulz
599. **Mas não se matam cavalos?** – Horace McCoy
600. **Crime e castigo** – Dostoiévski
601(7). **Mistério no Caribe** – Agatha Christie
602. **Odisséia (2): Regresso** – Homero
603. **Piadas para sempre (2)** – Visconde da Casa Verde
604. **À sombra do vulcão** – Malcolm Lowry
605(8). **Kerouac** – Yves Buin
606. **E agora são cinzas** – Angeli
607. **As mil e uma noites** – Paulo Caruso
608. **Um assassino entre nós** – Ruth Rendell
609. **Crack-up** – F. Scott Fitzgerald
610. **Do amor** – Stendhal
611. **Cartas do Yage** – William Burroughs e Allen Ginsberg
612. **Striptiras (2)** – Laerte
613. **Henry & June** – Anaïs Nin
614. **A piscina mortal** – Ross Macdonald
615. **Geraldão (2)** – Glauco
616. **Tempo de delicadeza** – A. R. de Sant'Anna
617. **Tiros na noite 2: Medo de tiro** – Dashiell Hammett
618. **Snoopy em Assim é a vida, Charlie Brown! (3)** – Schulz
619. **1954 – Um tiro no coração** – Hélio Silva
620. **Sobre a inspiração poética (Íon) e ...** – Platão
621. **Garfield e seus amigos (8)** – Jim Davis
622. **Odisséia (3): Ítaca** – Homero
623. **A louca matança** – Chester Himes
624. **Factótum** – Charles Bukowski
625. **Guerra e Paz: volume 1** – Tolstói
626. **Guerra e Paz: volume 2** – Tolstói
627. **Guerra e Paz: volume 3** – Tolstói
628. **Guerra e Paz: volume 4** – Tolstói
629(9). **Shakespeare** – Claude Mourthé
630. **Bem está o que bem acaba** – Shakespeare
631. **O contrato social** – Rousseau
632. **Geração Beat** – Jack Kerouac
633. **Snoopy: É Natal! (4)** – Charles Schulz
634(8). **Testemunha da acusação** – Agatha Christie
635. **Um elefante no caos** – Millôr Fernandes
636. **Guia de leitura (100 autores que você precisa ler)** – Organização de Léa Masina
637. **Pistoleiros também mandam flores** – David Coimbra
638. **O prazer das palavras** – vol. 1 – Cláudio Moreno
639. **O prazer das palavras** – vol. 2 – Cláudio Moreno
640. **Novíssimo testamento: com Deus e o diabo, a dupla da criação** – Iotti
641. **Literatura Brasileira: modos de usar** – Luís Augusto Fischer
642. **Dicionário de Porto-Alegrês** – Luís A. Fischer
643. **Clô Dias & Noites** – Sérgio Jockymann
644. **Memorial de Isla Negra** – Pablo Neruda

645. **Um homem extraordinário e outras histórias** – Tchékhov
646. **Ana sem terra** – Alcy Cheuiche
647. **Adultérios** – Woody Allen
648. **Para sempre ou nunca mais** – R. Chandler
649. **Nosso homem em Havana** – Graham Greene
650. **Dicionário Caldas Aulete de Bolso**
651. **Snoopy: Posso fazer uma pergunta, professora? (5)** – Charles Schulz
652(10).**Luís XVI** – Bernard Vincent
653. **O mercador de Veneza** – Shakespeare
654. **Cancioneiro** – Fernando Pessoa
655. **Non-Stop** – Martha Medeiros
656. **Carpinteiros, levantem bem alto a cumeeira & Seymour, uma apresentação** – J.D.Salinger
657. **Ensaios céticos** – Bertrand Russell
658. **O melhor de Hagar 5** – Dik e Chris Browne
659. **Primeiro amor** – Ivan Turguêniev
660. **A trégua** – Mario Benedetti
661. **Um parque de diversões da cabeça** – Lawrence Ferlinghetti
662. **Aprendendo a viver** – Sêneca
663. **Garfield, um gato em apuros (9)** – Jim Davis
664. **Dilbert 1** – Scott Adams
665. **Dicionário de dificuldades** – Domingos Paschoal Cegalla
666. **A imaginação** – Jean-Paul Sartre
667. **O ladrão e os cães** – Naguib Mahfuz
668. **Gramática do português contemporâneo** – Celso Cunha
669. **A volta do parafuso** seguido de **Daisy Miller** – Henry James
670. **Notas do subsolo** – Dostoiévski
671. **Abobrinhas da Brasilônia** – Glauco
672. **Geraldão (3)** – Glauco
673. **Piadas para sempre (3)** – Visconde da Casa Verde
674. **Duas viagens ao Brasil** – Hans Staden
675. **Bandeira de bolso** – Manuel Bandeira
676. **A arte da guerra** – Maquiavel
677. **Além do bem e do mal** – Nietzsche
678. **O coronel Chabert** seguido de **A mulher abandonada** – Balzac
679. **O sorriso de marfim** – Ross Macdonald
680. **100 receitas de pescados** – Sílvio Lancellotti
681. **O juiz e seu carrasco** – Friedrich Dürrenmatt
682. **Noites brancas** – Dostoiévski
683. **Quadras ao gosto popular** – Fernando Pessoa
684. **Romanceiro da Inconfidência** – Cecília Meireles
685. **Kaos** – Millôr Fernandes
686. **A pele de onagro** – Balzac
687. **As ligações perigosas** – Choderlos de Laclos
688. **Dicionário de matemática** – Luiz Fernandes Cardoso
689. **Os Lusíadas** – Luís Vaz de Camões
690(11).**Átila** – Éric Deschodt
691. **Um jeito tranqüilo de matar** – Chester Himes
692. **A felicidade conjugal** seguido de **O diabo** – Tolstói
693. **Viagem de um naturalista ao redor do mundo** – vol. 1 – Charles Darwin
694. **Viagem de um naturalista ao redor do mundo** – vol. 2 – Charles Darwin
695. **Memórias da casa dos mortos** – Dostoiévski
696. **A Celestina** – Fernando de Rojas
697. **Snoopy: Como você é azarado, Charlie Brown! (6)** – Charles Schulz
698. **Dez (quase) amores** – Claudia Tajes
699(9).**Poirot sempre espera** – Agatha Christie
700. **Cecília de bolso** – Cecília Meireles
701. **Apologia de Sócrates** precedido de **Êutifron e** seguido de **Críton** – Platão
702. **Wood & Stock** – Angeli
703. **Striptiras (3)** – Laerte
704. **Discurso sobre a origem e os fundamentos da desigualdade entre os homens** – Rousseau
705. **Os duelistas** – Joseph Conrad
706. **Dilbert (2)** – Scott Adams
707. **Viver e escrever** (vol. 1) – Edla van Steen
708. **Viver e escrever** (vol. 2) – Edla van Steen
709. **Viver e escrever** (vol. 3) – Edla van Steen
710(10).**A teia da aranha** – Agatha Christie
711. **O banquete** – Platão
712. **Os belos e malditos** – F. Scott Fitzgerald
713. **Libelo contra a arte moderna** – Salvador Dalí
714. **Akropolis** – Valerio Massimo Manfredi
715. **Devoradores de mortos** – Michael Crichton
716. **Sob o sol da Toscana** – Frances Mayes
717. **Batom na cueca** – Nani
718. **Vida dura** – Claudia Tajes
719. **Carne trêmula** – Ruth Rendell
720. **Cris, a fera** – David Coimbra
721. **O anticristo** – Nietzsche
722. **Como um romance** – Daniel Pennac
723. **Emboscada no Forte Bragg** – Tom Wolfe
724. **Assédio sexual** – Michael Crichton
725. **O espírito do Zen** – Alan W.Watts
726. **Um bonde chamado desejo** – Tennessee Williams
727. **Como gostais** seguido de **Conto de inverno** – Shakespeare
728. **Tratado sobre a tolerância** – Voltaire
729. **Snoopy: Doces ou travessuras? (7)** – Charles Schulz
730. **Cardápios do Anonymus Gourmet** – J.A. Pinheiro Machado
731. **100 receitas com lata** – J.A. Pinheiro Machado
732. **Conhece o Mário?** vol.2 – Santiago
733. **Dilbert (3)** – Scott Adams
734. **História de um louco amor** seguido de **Passado amor** – Horacio Quiroga
735(11).**Sexo: muito prazer** – Laura Meyer da Silva
736(12).**Para entender o adolescente** – Dr. Ronald Pagnoncelli
737(13).**Desembarcando a tristeza** – Dr. Fernando Lucchese
738. **Poirot e o mistério da arca espanhola & outras histórias** – Agatha Christie
739. **A última legião** – Valerio Massimo Manfredi
740. **As virgens suicidas** – Jeffrey Eugenides
741. **Sol nascente** – Michael Crichton
742. **Duzentos ladrões** – Dalton Trevisan
743. **Os devaneios do caminhante solitário** – Rousseau
744. **Garfield, o rei da preguiça (10)** – Jim Davis
745. **Os magnatas** – Charles R. Morris
746. **Pulp** – Charles Bukowski
747. **Enquanto agonizo** – William Faulkner
748. **Aline: viciada em sexo (3)** – Adão Iturrusgarai